拿破仑

Napoleon

Bonaparte

拿破仑
Napoleon Bonaparte

皮波人物国际名人研究中心 编著

国际文化出版公司
·北京·

图书在版编目（CIP）数据

拿破仑/皮波人物国际名人研究中心编著.—北京：国际文化出版公司，2013.2
（名人传记丛书）
ISBN 978-7-5125-0393-9

Ⅰ.①拿…　Ⅱ.①皮…　Ⅲ.①拿破仑，B.（1769～1821）—传记　Ⅳ.①K835.655.2

中国版本图书馆CIP数据核字（2012）第145607号

名人传记丛书·拿破仑

作　　者	皮波人物国际名人研究中心 编著
责任编辑	戴　婕　郑湫璐
统筹监制	葛宏峰　刘　毅　任立雍
策划编辑	任立雍
美术编辑	丁鋆煜
出版发行	国际文化出版公司
经　　销	国文润华文化传媒（北京）有限责任公司
印　　刷	三河市嵩川印刷有限公司
开　　本	700毫米×1000毫米　　16开 9.5印张　　91千字
版　　次	2013年2月第1版 2020年9月第2次印刷
书　　号	ISBN 978-7-5125-0393-9
定　　价	23.70元

国际文化出版公司
北京朝阳区东土城路乙9号　　邮编：100013
总编室：（010）64270995　　传真：（010）64271499
销售热线：（010）64271187　64279032
传真：（010）84257656
E-mail：icpc@95777.sina.net
http://www.sinoread.com

目录

目录

目录

目录

孤独的少年时代

战乱的科西嘉岛

拿破仑出生在位于地中海的科西嘉岛，该岛面积只有8600多平方公里，因为距意大利和法国的海岸线都不远，所以，自古以来就命运多舛，一直无法独立，有时受意大利攻击，有时被法国占领。英国的国旗也曾经插上过这个小岛。

拿破仑的父亲名叫夏尔·波拿巴，他个性爽朗，擅长雄辩，在该岛的皇家法庭任职，才能为人称赞。后来他结识了科西嘉法籍行政长官，并由他推荐，代表科西嘉贵族进入政坛，最后做了法国国会议员。

拿破仑的母亲莱蒂齐娅在科西嘉出身

拿破仑像

名门，她嫁给拿破仑的父亲夏尔，一共生了十个孩子，夭折了两个，拿破仑排行第三。

一直以来科西嘉岛大部分时间是由意大利的热那亚共和国所统治的，全岛都是险峻的山岭和荒凉的森林，为非作歹的人一旦逃入森林，就不容易被发现。

科西嘉岛的民众生性强悍，报复心很强，血债血偿的报仇习俗世代相传，父传子，子传孙，连续几代都不可松懈，报完仇后，就潜入密林。千仞的山谷和山涧激流都是最佳的掩体。在科西嘉岛上流传着很多这样和密林有关的报仇雪恨的故事。

拿破仑的父母也继承了科西嘉岛人民的强悍个性。1729年，科西嘉岛的人民纷纷组织独立义勇军奋起反抗，拿破仑的父母也参加了义勇军。

尽管勇敢的科西嘉岛义勇军赶走了意大利人，却引来了法国人。1768年，法国政府派遣远征军入侵科西嘉岛，由

科西嘉岛景色

当时的爱国志士包力领导的义勇军又加入了与法国对抗的战争，拿破仑的父母也参加了战争，拿破仑的母亲怀着拿破仑，在炮火隆隆、枪林弹雨中穿梭，与丈夫并肩作战。

攀登岩壁，隐匿深山，渡过激流，拿破仑的母亲带着他历经了许多艰苦和危险。但在肚子里的拿破仑因为受到母亲的保护，在激烈的战斗中倒也一直平安无事。

战事对他们很不利，盼望的英国援军没有来，首领包力见战事无望，带着部下潜往英国。义勇军在最后一次战役中惨败，弹尽粮绝，法国占领了科西嘉岛。

战争结束后的 1769 年，母亲莱蒂齐娅在去教会的路上，生下了拿破仑。

直到拿破仑懂事的时候，科西嘉岛仍然满目疮痍，惨不忍睹。岛上的房屋都倒了，山上的树木还有子弹扫过的痕迹，童年的拿破仑还在山上找过子弹，在他幼小的心灵里，常常想起父母曾经奋勇作战的场景，发誓等将来长大了，一定继承父母的志向，使科西嘉岛独立。

布里安纳军官学校

拿破仑 10 岁的时候，科西嘉岛恢复了和平。曾经顽强反抗法国人的游击队都丢弃了枪支，常常在山野中出现的炮火硝烟也不再见了。

　　拿破仑跟着家人离开了他所出生的科西嘉岛，来到了法国。穿着一身破烂衣服的拿破仑满怀期望地上了船，依依不舍地眺望着逐渐远去的科西嘉岛，一直到它消失为止。

　　因为父亲的关系，拿破仑成了这个侵略科西嘉岛的法国的公费生，那时候，他就知道寄人篱下的命运，所以在心里发誓，绝不能输给法国人。

　　1779 年 5 月，拿破仑昂首阔步地走进法国布里安纳军官学校，学生们好奇地包围住着他。

　　"你叫什么名字？"

　　"拿破仑。"

　　"哦——好奇怪的名字。"

　　"你从哪里来？"

　　"科西嘉岛。"

　　拿破仑挺着胸膛回答。但是这群学生哄堂吵嚷起来。

　　"什么，科西嘉岛有什么了不起？"

　　"原来是懦弱的科西嘉人！"

　　拿破仑愤怒地注视着他们。他橄榄色的脸，额头宽宽的，眼睛炯炯有神——一股子不怕一切、绝不认输、一拼到底的神采使得这些学生都退缩了。

　　因为来自科西嘉岛，法语说得不太流利，拿破仑从入学第二天起，就成为全班同学取笑的对象。

　　"他的衣服那么宽大。"

　　"他的裤子也很难看，说话听起来更是可笑。"

拿破仑在校园的角落里默默地忍受着这些讥笑，但心里从不认输，他心里想着：法国人不要太神气，我绝不会输给你们的，总有一天我会给你们点颜色看看。

年仅 10 岁的拿破仑心里燃烧着炙热的火焰。"抱负要远大，凡事要忍耐，总有一天，总有一天……"拿破仑决定不理会别人的嘲笑。当拿破仑孤单地想哭时，就会想起为他操心、祈祷他成功的父母，他都忍下来了。

拿破仑最擅长的功课是数学，尤其是几何上表现出的天赋，甚至让老师惊讶。因为受同学排斥，拿破仑就一个人躲在宿舍里解答数学习题，即使很难，也不放弃。他还经常看希腊历史学家普鲁塔克所著的《希腊罗马名人传》。

他独来独往的个性，更增加了同学对他的反感。

布里安纳军官学校奉命实行编队，然后公布各中队的队长名单，其中不受欢迎的拿破仑被指派为中队长。因为拿破仑成绩优越，符合当中队长的条件，但是这让讨厌他的同学们很不满。

"为什么要选拿破仑当中队长呢？"

"让科西嘉的穷贵族子弟来指挥我们，真让人受不了……"

"他会更自大的。"

"对，一定得想办法给他点颜色瞧瞧。"

这些不欢迎拿破仑的同学都集合在校园里。

"我们决不接受拿破仑的指挥。"

"我们要做一项决议。"

"对，把拿破仑从中队长的人选中剔除。"

"把他赶出学校。"

就连平时很懦弱的同学们也仗着人多势大，壮着胆子吵闹。

最终学校当局听取了他们的意见，拿破仑的名字从中队长的名单中剔除了，理由是他不受同学尊敬，不便担任中队长。

拿破仑被同学们包围在校园中央，脸色苍白，咬着嘴唇，他依然一副不认输的神情。最终，决议文被念了出来：

> 拿破仑不敬爱同学，行为孤立，不肯合作，不是中队长的合适人选。因此，现在以学校军事会议的名义，取消拿破仑中队长的资格。

随着决议文的念出，拿破仑的心情也跌入了深谷。但情绪狂热的同学仍不放过他。

"把拿破仑的肩章摘下来。"有人这样说。

有一个同学走到拿破仑跟前，用力抓着他的肩章。"嘶"一声就把肩章撕下来了。

这是作为军人的最大耻辱，拿破仑会善罢甘休吗？所有同学都屏息看着拿破仑，可他就像一尊石像一样，一动不动。他蓝色的眼睛里充满着绝望，但又有一种承担任何侮辱的决心。

同学们本以为他会反抗，然后趁机好好地教训他一顿，没想到他竟如此镇静，拿破仑的举动反而让同学们产生了一种尊敬的感觉。

这件事后，拿破仑的名声在学校便响亮起来了，慢慢地，也有一些同学对他产生了好感，其中一名叫布宁恩的对他说："拿破仑，你那天的态度很了不起！"

"哪里！"

"真的，你的表现实在太好了。面对同学们的卑鄙行为，我却袖手旁观，真是不应该。"

"布宁恩，千万别这么说。"他们两人的手紧紧地握在一起。拿破仑就这样结交到一位知己朋友，周围的气氛也慢慢改变了。

为家乡的尊严打架

拿破仑不怕有钱的法国贵族子弟嘲笑他，但是如果听到他们说科西嘉的坏话，他就再也无法忍受了。科西嘉岛上的人民现在是法国的奴隶。这件事使拿破仑伤心，也激起了他对法国的愤怒。

有一次，拿破仑自己坐在菩提树下想问题。有个同学看到拿破仑坐在那里，就说："大家看拿破仑在那里，他在干什么？我们去嘲笑他吧。"

"他最近总在那里坐，也不知在想些什么？"

"不懂礼貌的拿破仑，我们就教他一点法国礼节吧。"

一群人朝着菩提树跑过来，但又害怕科西嘉人强悍的野性，不敢走太近，只躲在远处叫嚷着："科西嘉岛被法国占领了。"

"拿破仑，懦弱的科西嘉人，科西嘉被法国打败了！"

拿破仑噌地一下站了起来，挺着胸说："如果法国的人口有科西嘉四倍的话，你们就输定了，但你们的人比科西嘉多出十倍，科西嘉人以一抵十，当然会失败了。"

拿破仑见大家都默不作声，就从菩提树下向他们走过去说："如果你们想要嘲笑我，就请过来吧。"大家看到拿破仑来势汹汹，反都吓住了。其中只有一个高个子学生，他看不起拿破仑，就对拿破仑说："难道你这个科西嘉来的小猴子，还想跟法国作对吗？"

拿破仑握紧拳头对着那个学生的脸就打，虽然对方高大有力，但娇生惯养的贵族子弟怎么能打得过拿破仑！大个子倒下去了，大家都退到一旁，拿破仑冲到人群中间，拳打脚踢地跟他们打成了一团。

有人额头肿起了大包，有人鼻子流血了，有人把脚扭伤了，最后大家纷纷四散而去。他们本来想欺负拿破仑，最后反倒被拿破仑打了一顿。

有些学生便跑去向老师报告，说拿破仑打同学。学校的教官不由分说地把拿破仑关进了禁闭室。门被锁以后，拿破仑拼命地踢门，并且大喊："老师，我没做错，老师，您误会我了。"老师听到拿破仑的喊叫声，又返回来对拿破仑说："做错事就要承认，要勇敢地接受惩罚。"

"老师，我没有做什么该受惩罚的事。"

"瞎说，你打同学了。"

"老师，我那是……"

老师不再理会他，离开了禁闭室。拿破仑无奈地坐下来，心中呐喊：是老师错了，我没错。拿破仑站起身来，从小小的窗户望出去，那些刚才取笑他、欺负他、向老师告状的同学们都在外面快乐地玩着。

看到这些，坚强的拿破仑流下了愤怒的眼泪。哭累了，他伏在房间的角落里就睡着了。他梦见了自己怀念的故乡——科西嘉岛。

巴黎陆军士官学校

布里安纳军官学校五年的时光很快过去了。从没休假而又贫穷的父母亲几乎没有时间来看拿破仑。父亲带着弟弟路易和妹妹只来看过他一次，令拿破仑没想到的是这竟然成了他们父子的最后一面。

毕业后的拿破仑受父亲鼓励，决定去巴黎陆军士官学校深造。其实，他本想参加海军的。大海对于从小生活在科西嘉岛的拿破仑而言，就像是自己家的后院。但是如果没人帮助，很难进入海军。

毕业之前，克拉里奥将军在发现拿破仑的特殊潜质时说"这个少年将来会成为一名优秀的海军人员。"最后拿破仑选择了陆上战斗中最活跃的炮兵。

有"科西嘉之狼"称号的拿破仑对炮击战充满梦想。1784年10月他乘坐一辆马车，穿过浓雾，一路驶向巴黎，拿破仑不得不跟他的莫逆之交布宁恩分手。

"布宁恩，保重。"

"你也要保重，拿破仑。"

"5年后，在战场上再见，你是骑兵，我会用大炮来掩护你。"

"嗯！那太好了。那就要看你的了。我们战场上见！"

"好，再见。"

"再见，拿破仑。"

布宁恩看着拿破仑乘坐的马车在雾中逐渐消失，一直不停地挥手。他后来成为拿破仑的秘书。

拿破仑来到花都巴黎，巴黎的一切对他来说，都是那么不可思议。热闹的花都让来自科西嘉岛的乡下人拿破仑十分惊讶。他将要进入的士官学校直属法国王室。学校的建筑像宫殿一样华丽。学生全部是法国的贵族子弟，跟布里安纳军官学校一样。但这里的学生穿着更华丽，每天都吃喝玩乐，还有侍从跟随左右，这是他之前怎么也想不到的事。

在拿破仑看来，军人就应该学习剑术，精于马术，有时间就要多看书，不断充实自己，锻炼强健的体魄。所以，他对于巴黎学校的一切都不满意。总之，这里的一切对于贫穷的拿破仑来说，必须要比在布里安纳军官学校时更加忍耐，还要想法躲避周围奢侈的环境。所以他必须远离繁华的大街，改走清静的小路。

　　拿破仑穷困到生活不能有一点点的奢侈，哪怕是买一枝花。为了躲避同学们的嘲笑，即便星期天外出时，他也和平常一样走小路。拿破仑还经常装病向学校请假，然后把自己关在房子里，连窗户也关住，还拉上窗帘，使外面的人无法看见屋内的情形，整天就待在房子里幻想。

　　拿破仑认为让穷人感到羞辱的社会根本不应该存在，何况是军人的世界。

　　拿破仑一再告诉自己，贫穷并不可耻。他想要从房子里跳出去，但那种奢侈的行列是他没法加入的。

　　"那个家伙什么活动都不参加。"

　　"真是个可怜的乡下人！"

　　"从来不看戏，也不参加音乐会和社交活动。"

　　"他一定是个吝啬鬼。"

　　公爵、伯爵或王族子弟开始轻视拿破仑。拿破仑知道和布里安纳军官学校一样，他难免又要跟这些人发生冲突，所以他尽量忍耐，但是对学校这种散漫的习气还是感到很气愤。于是他决定给校长写封信，对散漫的学生生活进行了猛烈的批评。

"这个学生很特别。"士官学校的校长对敢于攻击学校的拿破仑很感兴趣，但是对他的意见并未采纳。

拿破仑依然吃普通士兵所吃的面包，不乘坐马车，不参加赌博，一直过着孤单的生活。这时拿破仑接到一个不幸的消息——他的父亲在一次旅行途中去世了，这距离他进入士官学校还不到一年。

父亲去世了，想到家中带着八个孩子的母亲，想到家中生活的贫穷，他感到很悲伤。拿破仑便写信安慰母亲：

> 妈妈，您一定要振作起来。每当我想到已经很贫穷的家，现在又失去了父亲时，我的心都要碎了。但是妈妈，您不必为我操心。从今以后我会更加节俭，这样才像是一个有规律、有节制的军人。我会比过去更加倍地努力用功。
>
> 读书是不花钱的最好方法，还能忘却失去父亲的悲伤……

拿破仑把自己关在屋里头埋头苦读。那些贵族子弟看到勤奋、有规律，只靠面包和水维持生活的拿破仑，都很佩服。感觉为难的不只是他的同学，还有他的老师们。

"这样的学生真难应付，让他提前毕业算了。"

经过开会决定，拿破仑提前毕业了，主要原因还是因为他成绩特别优异。

1785 年 10 月，拿破仑从巴黎士官学校毕业，被派往拉斐尔军团担任炮兵少尉。

终于能够独当一面了！年仅 16 岁的拿破仑露出了会心的微笑。

拿破仑离开了巴黎，这个奢侈的城市和腐朽的王朝不会太长久了，拿破仑似乎早就看透了路易十六世王室的命运。

拉斐尔炮兵团初露锋芒

拿破仑去了驻扎在瓦朗斯的拉斐尔炮兵团，在该地接受了严格的训练，每天都要到瓦朗斯的射击场。训练课程有中队教练、火药操作、观测术、榴弹炮、白炮、小炮等的射击。

拿破仑仍穿着皱皱的、宽大的军服接受训练。其他贵族出身的少尉，即便在训练时也穿着烫得笔挺的军服，打扮得很潇洒。只有拿破仑的穿着总是邋里邋遢。

"今天我们要做榴弹炮的射击训练，谁愿意出来，按照昨天教的方法做一遍？"有一天教官对大家说。

那些贵族出身的军官没一个愿意出来。校官又大声说："像你们这样，再过一两年，也不能成为真正的炮兵军官。"

还是没人愿意出来。

"这样的话，你们炮兵少尉的肩章也会为你们哭泣的，你们和炮兵有什么两样？"

听到教官的话，大家都很生气。

就像教官所说的，炮兵的教育非常严格，尤其射击一项，必须一再地加强训练，也只有学会射击的人，才能通过这次训练。

在大家默默无声的时候，拿破仑少尉走出来了，向教官报告，"拿破仑少尉愿意做示范。"

拿破仑马上就以敏捷的动作，把大炮的炮脚固定，然后把弹药车拉过来，经过观测，装上炮弹……一切动作都很正确。他操作完后，看了他的同伴们一眼，就悠然地退了下来。拿破仑的眼睛在这一刻显得特别有神。

这使那些觉得为难的同学都放心了。

"很好，你在哪里学会操作的？"教官很客气地问拿破仑。

拿破仑没有直接回答，他说："因为大家都不愿意，所以我来示范。"

教官感到意外地问道："你叫什么名字？"

"拿破仑。"

他平时总是躲避每个朋友，独自一人关在房内读书，他会站出来做别人所不能做的事情，使大家都很感到意外。

当时，拿破仑住在一间简陋的咖啡店里，隔壁是一家撞球馆，不论白天、晚上都很喧哗。但拿破仑穿着军服，拖着疲惫的身体回来，躺在床上稍微休息以后，就开始读书，根本不理会隔壁的吵闹。高等数学、应用物理、筑城学、炮术原理和历史、亚历山大战史、蒙古与土耳其地理风俗、东方各国的历史……就这样一本本地看下去。

　　不久后，他升为炮兵中尉，并且在 3 个月内把所有的炮术知识都学会了，结束了他的炮兵教育课程。

　　拿破仑的心里焦急地想着何时才能真正使用大炮进行实地射击。

投身革命的青年

回家探亲，给包力写信

这时，母亲的信从故乡寄来了。母亲在信中提到了家计日益艰苦的情形。连一向坚强的母亲都感到艰苦了，情况一定很严重。而且拿破仑离开故乡已经 10 年了，妹妹、弟弟们也都长大了。

拿破仑想回去看看他们，也让母亲看看已经长大成人的自己。他决定回科西嘉，但是每当他想到故乡的时候，就心烦得睡不着觉，因为受法国的桎梏，科西嘉人的生活过得很艰苦。

1786 年，拿破仑请假回到了科西嘉。怀念的故乡科西嘉，生活在痛苦中的故乡科西嘉，这就是让拿破仑怀念并感到悲哀的故乡。他一路上重复地念着德国伟大诗人歌德的《少年维特之烦恼》，到了故乡，他看到熟悉的山、森林、房舍时，心情兴奋得不得了。

从港口上岸后，拿破仑雇了一辆马车，直驶家门。一眼看到老家腐朽的大门和倒塌的石墙，他就想象出了家中生活的困苦。

"我回来了……"

听到他的声音，母亲从里面跑出来，惊讶地看着穿着军服的儿子，热泪盈眶，伸出双手抱住了自己的儿子。

"拿破仑！"

"妈妈！"

当他们默默拥抱在一起时，拿破仑的弟弟妹妹们也都走了出来，很高兴地说：

"哥哥，你回来了。"

"啊！你们都长大了。"

拿破仑一一亲吻他们。

拿破仑有六个弟弟妹妹，一个哥哥。

他十岁就离开家，有印象的只有三个弟弟妹妹，其余的三人，完全是初次见面。

母亲一个人带着这么多孩子，她的辛苦可想而知。

"妈妈，您不要再操心了，我会担起一家的责任。"他虽这么说，事实上他只不过是一个穷中尉，又能有什么办法呢？

他该怎样克服这个困难呢？在以后的两年时间里，他就靠着军队的年薪来维持家庭生活。尽管如此，科西嘉岛上的居民对拿破仑领法国薪水这件事，都感到痛恨而极不谅解。因为受法国统治的科西嘉岛人痛恨着法国政府。他们认为穿着法军制服，戴着中尉肩章的拿破仑背叛了科西嘉。

"法国的走狗。"当拿破仑在街上与行人擦肩而过时，就会听到这样的骂声。还有人向他吐口水。

拿破仑像恶梦初醒一样，他在法国时到处被人奚落，回到故乡科西嘉又受到岛民的指责……真是太不公平了！"我不能再保持沉默了。"拿破仑想，于是他下定决心给流亡在英国的爱国志士包力写了封信。

将军：

　　我就诞生在祖国科西嘉败亡的日子里，在岛民死亡的呻吟声中和岛民绝望与悲哀的咽泣中长大的。你丢弃了绝望的岛民而逃往英国，因为你的逃亡，科西嘉岛的希望破灭了，岛民也因此而投降。现在我们受法国统治，过着悲惨的生活。

　　我想要洗雪这个亡国的耻辱。但是，我还年轻，这个希望与计划或许过于大胆。但是，只要能够得到曾经为祖国科西嘉带来荣耀的将军的支持，我一定会完成祖国独立的大业。

拿破仑

　　包力诞生在科西嘉岛，他是科西嘉岛人民崇拜的英雄，全岛居民都听从他的指挥，对他充满信赖与热情。拿破仑在布里安纳军官学校及巴黎士官学校时，都把他作为心中希望的灯塔。

　　拿破仑满怀热情，熬夜写出的这封信最终被送到了包力手中。当他热切盼望回信的时候，包力的回信来了，他回复的相当冷淡。

包力的回信只有一句话：“你还太年轻。”

包力一定是看不起我，拿破仑非常失望。但他知道包力仍然是科西嘉独立的精神领袖。他绝不会放弃，如果能和包力见面的话。

但是假期很快结束了，拿破仑离开家乡，回到了部队。

法国大革命

1789 年，巴士底狱事变，接着引发了法国大革命。这个消息很快就传遍了科西嘉岛。

“科西嘉岛独立的日子终于来了。”拿破仑兴奋极了。当时的法国王朝相当颓废，人民怨声载道，非常不满。

军队对奢侈腐败的王朝不满，发动叛乱。他们高唱革命歌曲，从兵营出发，把团长的官舍包围了，说：“把兵团公库里所有的钱都交出来。”他们占领了官舍后，每天就是吃喝玩乐。对这一切，拿破仑都是在冷静地旁观。

因为巴士底狱的暴动事件，革命很快就成功了。新政府成立了，科西嘉岛的人民也感到高兴。

“科西嘉岛万岁！”人们都在欢呼。科西嘉岛从一个奴隶国家，成为了法国的一个州。包力也赞扬新政府，说：“自由的法国！心胸宽大的国民！”

但是，属于科西嘉岛民的幸福并没有来到，科西嘉岛成为了法国的一个州，而不是独立的国家。这时候，逃亡英国的包力被允许返回科西嘉。

本来拿破仑对科西嘉的命运很失望，但是包力回国，给了他很大的鼓励。包力在岛民的欢呼声中，回到了科西嘉。拿破仑从群众中走出来，同包力握手。

"写信给我的，就是你？"

包力以锐利的眼光看了拿破仑一眼，视线就立刻移开了，他一眼就看出这是一个有野心的年轻人。

"我认识你的父母亲，他们都是勇敢的人。"包力虽然说得很动情，但是心里却感觉到了拿破仑的厉害，他感觉拿破仑好像一团火在燃烧，热情像火山一样炽烈。

"大家都在为革命欢呼，但是革命真的能给人们带来幸福吗？"拿破仑见到包力，就开门见山地问他。

"我认为这次革命值得高兴……"

"我不这么觉得。"

"你看过卢梭的书吗？"

"我很佩服卢梭，但他那种哲学思想不是我们军人所能接受的。"

包力面对着年轻的拿破仑，却感觉他像是个巨人。拿破仑看到衰老的包力，也感到很意外。他甚至怀疑自己的眼睛。"难道他就是我做梦经常梦到的包力将军吗？

拿破仑从科西嘉回到巴黎，住在一间简陋的房间里，仍然过着贫困的生活。为了减轻母亲的负担，他带着弟弟路易来到了巴黎，生活仍然贫苦。他们住在只有一个窗户的房间里，一想到革命，他的野心就像火一般燃烧着。他的野心和幻想有时候会让他激动异常，有时他会幻想地球爆炸，他的心都被自己的幻想牵引到了无限的未来。

唯一的好友，布宁恩：

回想到毕业后的一别，至今已经八年了。我们在蒂伊勒里王宫附近的圣奥诺利街的餐厅见面好吗？

这封信寄出后，布宁恩的回信很快就来了。

好，我一定会来。

到了约定的那一天。拿破仑一眼就看到了坐在长满绿色蔓藤的露台上正等待着的布宁恩。

"布宁恩。"

"啊！拿破仑。"两个人紧紧地握住双手。

从分手到现在已经8年了，两个人都长成了结实的小伙子。但他们的眼神也已失去了幼年军官学校时代那种快乐的光芒。

"你现在在做什么？"拿破仑问。

"我已经失业了！真羡慕你！"布宁恩露出了落寞的

笑容。

"这是什么话，我也曾遭遇了很多苦难，还差点饿死，被暴徒打死……"拿破仑就像述说别人的事一样，很冷淡的把这些年他的遭遇讲给布宁恩听。

这时候，从外面传来了一阵群众喊叫的声音。"发生什么事了？"两个人同时站起来，朝餐厅外面走。

有好几千名群众在闹事，整个街上到处都是喧嚷声，好多人手里都拿着斧头、刀枪、木棒等武器向这边跑来，巴黎的大街上警钟当当地响。

"这事很麻烦！""我们不要被牵连进去了。"两个人说着就被杀气腾腾的群众像海涛一样卷了过去。

这些人去了附近的蒂伊勒里王宫，愤怒的群众大约有六七千人。卫士们拼命地想阻止这群乱民，但是无能为力。群众沿着塞纳河把王宫包围住，一部分民众像发狂似的冲进王宫……

拿破仑和布宁恩站在高台上看得一清二楚。还有受伤的士兵和全身是血的民众不断地被抬到广场上来。不久，戴着红色头巾的路易十六出现在了王宫的碉堡上。他就是将要被民众从王座上拉下来的国王。

广场上的群众大声喊叫着："把国王的头砍下来！"

拿破仑不想再看下去了，他拉着布宁恩的手回到餐厅，两个人满怀感触的相对而坐，野兽一样的群众，现在可能正在杀害那些卫士。当然卫士发射的子弹，也可能枪杀了很多群众。

"这个时代真可怕！"两人同时叹了口气。

"你对这次暴动的看法如何？"拿破仑问到。

布宁恩愤怒地回答："没什么意义，群众好像疯了。"

"不错，他们的确是疯了。"拿破仑又接着说："虽然这些乱民们用长枪插着人头，到处游街示众，很疯狂，但是我很了解他们的心情。"

"民众的暴乱不应该。"布宁恩说。

"可是民众的愤怒是对的。"拿破仑说着，不由得回想起了自路易十四以来的社会动荡。

"布宁恩，我认为民众的愤怒是对的。自路易十四即位以来，到底为民众做了些什么？王室生活奢侈，对外作战也屡次失败，使得国库空虚。为了补充国库，就对人民课以重税。法国王室总是利用他们的特权欺负平民，平民的愤怒与不满，已经积压得太久，现在终于爆发了。我因为受卢梭自由、平等的思想影响，在布里安纳军官学校也曾经闹过事。"

说起布里安纳军官学校的事情时，布宁恩露出了会心的微笑。

群众又发出一阵喧嚷。路易十六为了安抚民众，答应召开新国会，但已经太迟了。平民议员已经不再听从国王的话。

国王因此想利用武力，强迫议员服从。此时，全巴黎的市民都起而破坏巴士底狱，展开了法国革命的大风暴。

"布宁恩，我认为这次暴动，将会受到历史的审判。"布宁恩默默地听着拿破仑的意见。

几天后，失业的布宁恩被任命为德国舒特亚特公使馆的书记。他们两个人正在为重逢而感到高兴，却又要分手了。这次，是拿破仑送布宁恩。

"布宁恩，我们又要分别了！"

"你多保重啊！"

"把你送走以后，我也要走了，我想返回科西嘉岛。"匆忙地送走了好友，拿破仑想再度返回科西嘉。巴黎局势的演变，对他来说是一种鼓励。

"我不能再在此地犹豫。这个世界正在迅速变化，如果再犹豫下去，我就赶不上民众的行动了。"拿破仑的心中，日夜都在焦急着。

在家乡的失败

受法国革命的影响，科西嘉岛上的不满分子到处捣乱，岛上的情况也很糟糕。离开科西嘉后的拿破仑，因为担心母亲和弟弟妹妹的安危而坐立不安。

"我还是回到科西嘉去吧！"他再度回到故乡科西嘉。当时的科西嘉岛到处充满着杀气。革命俱乐部和农民委员会经常和旧政府的驻军发生冲突。街上到处都是血迹，枪声也不断地在山谷间回响，好像真的战争发生了一样。

拿破仑认为这是发挥他所学的最好机会，于是参加了义勇军。他向部队请假的时间早已过了，还仍然留在科西嘉岛上，到了发薪之日，他便写信去要薪水。部队对他的这种作风感到惊讶。

"真大胆！""听说他在科西嘉已成为革命军的中校了。""这种脚踏两条船的行为真是可耻！"……大家对拿破仑议论纷纷，最后部队的长官们开会，决定革除拿破仑的中尉职务。拿破仑毫不在意被撤职，因为他正热衷于革命。这样他更是毫无牵挂了。拿破仑高举着右手说："我们现在开始攻击王朝军。"

当时，为了攻击驻在阿耶佐要塞的王朝军。科西嘉的农民和牧人都拿起农具从附近的乡村聚集而来。但他们大多是一些未经训练的乌合之众，所以作战情形十分糟。义勇军从窗户进入民家，不分敌我随便开枪，造成了自相残杀的惨况，所占领的民房也被他们洗劫一空。这一次的攻击，终于失败了。拿破仑在第一次战役中，就尝到了失败的苦果。

"这一定是因为部下们缺乏训练才造成的。"拿破仑自我总结。这次失败，还引起善良的科西嘉岛民的愤怒。

"如果再不约束年轻的拿破仑中校，不知道他还会干出什么样的事情来。"议员们也一致反对拿破仑。代表科西嘉政府的包力终于免除了拿破仑的职务。年轻的拿破仑失去了陆军中校的职位。

拿破仑的同伴们都认为拿破仑是一只饥饿的老虎而非常

惧怕他。包力也认为拿破仑是一个危险的年轻人，想借机开除他。

回到巴黎

这次惨败让拿破仑很灰心，虽然他当时也想不出什么好主意，但是坚强的拿破仑仍然没有绝望。于是他又回到了巴黎，以往的花都在革命风暴的席卷下，呈现出一片混乱景象。同情革命者与同情王朝者剑拔弩张地对峙着。凡是有血性的人，身处这种局势，一定会毫不犹豫地投入其中一派。

回到法国的拿破仑，因在科西嘉的举动得到了宽恕，返回了原来的奥克松拉菲尔部队，因为王朝认为拿破仑是一个有才干的军官，失去他将是一大损失。

他过去休假时的薪水也全额发给他，还提升他为炮兵上尉。但这样的优遇仍然无法安抚他的心情。在科西嘉的失败，让他体会到了革命的真正意义。

革命是伟大的！但这次革命中，仍然有许多错误存在。这简直就是抢夺与暴行，这样的暴行无论如何都是错误的。

1789 年，巴黎革命风暴终于爆发了！8 月 10 日，愤怒的群众攻击了凡尔赛王宫，逮捕了路易十六，并召开国民会议。这一天，发狂的民众把人头插在枪尾上示威游行。王宫的广场上堆满了卫士的尸体，民众发狂似的来势汹汹——这简直就是个地狱!

狭窄的庭院里,满身血迹的民众仍不时挥着斧头和枪,砍着尸体,他们就像喝醉酒一样兴奋,尽管知道腐败的王朝就要崩溃,但拿破仑并不愿意参加暴民们的行列。

与包力决裂

在拿破仑心中,有着更伟大的革命行动。这或许是个梦想,但是他决心一定要实现它。不是血腥的革命,而是真正有血性的革命……

虽然他不愿意参加这种发狂似的暴动,但他认为这次革命是科西嘉获得独立的大好机会。抱着科西嘉独立的梦想,拿破仑再度回到故乡。

这时,科西嘉的老英雄包力已被任命为科西嘉州长,活跃于政坛。包力时常和领导革命政府的雅各宾派作对,因此法国宣布:"包力是法国的敌人。"

拿破仑回到科西嘉时,包力就邀请拿破仑和他合作。

"拿破仑,我们可以利用此次动乱,争取科西嘉的独立。不过,我们必须要借助英国的力量,如果你肯帮忙,那是最好的……"

拿破仑并不同意包力的主张,他说:"将军,我反对你的意见。你想要借英国的力量,我想没有一个国家会无条件地帮我们，这样做，等于把科西嘉由法国转卖给英国。"

包力看着拿破仑说："你如果反对，那就无话可说了。我们也不必再谈下去了。"

"告辞了。"拿破仑在这种冷淡的气氛中，与他本来最尊敬的包力分手了。

科西嘉从此分裂成两派：主张和法国断交，与英国合作的包力派；利用法国革命的机会争取科西嘉独立的拿破仑派。

拿破仑认为包力的思想太过懦弱，尽管他已经是六十多岁的老人，却依然狡猾。这时，拿破仑党人暗中写了一封信，向法国政府告密："包力将要联英叛法。"拿破仑并不知道这件事。但是，太迟了，雅各宾派的政府命令拿破仑逮捕包力。拿破仑与包力虽然立场不同，但却无意用卑鄙的手段出卖他，所以这件事让他很为难。

不明原委的包力愤怒至极，认为这件事一定与拿破仑脱不了干系，包力说："这一定是拿破仑那小子干的。"包力一直都以为拿破仑只是个乳臭未干的小子，非常瞧不起他。因为这件事，包力对拿破仑更加痛恨，所以想要除掉拿破仑。这样一来的话，拿破仑也不能束手就擒了。

"打倒包力。"拿破仑担任科西嘉岛国民军大队长，领导军队讨伐包力。但是包力在科西嘉岛的势力很大，党羽众多。拿破仑的部下人数太少，实在无力讨伐包力。

包力自称科西嘉岛军队司令官，并召开科西嘉岛民大会，以壮声势。

"打倒拿破仑。"

"他是科西嘉岛的叛徒，出卖了老英雄包力。"

拿破仑眼看情势对他极为不利，而且也知道自己不敌包力，也不想做无谓的争执，决心回巴黎去。

拿破仑穿着军服，回到母亲的住所，告诉母亲情况不妙，准备潜逃。趁着黑夜，拿破仑和他的母亲、弟弟妹妹逃往深山丛林。

天快亮时，跑到依稀可见的阿维丘山岭上，他们一家人才松了一口气。

永别家乡

他们一家人站在山岭上，遥望着蓝色的地中海波浪，吹着微风。母亲莱蒂齐娅带着 9 岁的热罗姆，两人满身大汗。11 岁的卡罗利娜和 13 岁的波利娜，由于过度疲劳，相拥而睡。大妹埃利兹怕他们着凉，帮他们盖上衣服。拿破仑坐在岭上，想着未来的前途。

大哥约瑟夫生性懦弱，无法担负起全家的重任。现在一家人的命运都落在了这位年仅 24 岁的勇敢青年的肩上。

这时候，活泼的路易大声喊叫："哥哥！哥哥！你看，糟糕了。"

"什么事？有人追来了？"

"不，你看，着火了。"

从山上俯瞰下去，看到阿维丘城内发生了大火，火势正随着风势扩展。

"啊！房屋被烧了。"拿破仑的哥哥约瑟夫和18岁的卢香也都走了过来。

两个人哭着说："我们的家被烧了！"

孩子们都懂事了，他们看着山下着火的地方，哭了起来。而且火势越来越猛。

"我们该怎么办？"这些孩子都围在母亲身边吵闹。

"不要吵了。这样成何体统？哥哥们都在这里，没什么好担心的。"母亲安慰着他们。但是，拿破仑一时也没了主见："妈妈，我们无家可归了！"

"家被烧毁了，我们可以盖更好的。希望是绝不能放弃的，拿破仑你说对不对？"

"是的，妈妈。这样反而觉得轻松了，因为科西嘉已经没有什么可留恋，我们可以搬到别的地方去住。"实际上，拿破仑的心中也感到了一阵不安，在科西嘉的生活就已经这么艰苦，到了无亲无故的外国，又将怎么办呢？"

约瑟夫和路易又在为以后的事情争执着。约瑟夫对遇事不加深思、眼光浅短的弟弟路易讽刺说："像你这样，只往好处想是不行的。你当初就想到会造成今天这种局面吗？"

路易也不认输："像你这样，什么事都慎重考虑才不对呢。不管是房屋被烧了，还是被迫离开祖国，只要是人，就应该继续奋斗下去。"

拿破仑默默地听着他们争论，最后站起来说："我们走吧！"

科西嘉的房子已被烧光，这样一来，故乡也没什么好留恋的了。一家8口的命运，全部落在了拿破仑的肩上。拿破仑心想："我现在是一败涂地了，不过，即使跌倒，也绝不空手站起来。"拿破仑心中下了很大的决心。

现在，他失去了祖国，而法国也不是他的祖国。但正因为如此，全世界似乎都属于他。也可以这么认为，拿破仑虽然失去了祖国，却得到了全世界。

拿破仑对故乡的爱已经熄灭，但对欧洲大陆的野心却增加了。

"妈妈，您到了巴斯蒂亚以后，我马上和法国政府联络，说明我们愿意离开科西嘉岛。"拿破仑尽力安慰着母亲，"我们不要在这小块土地上为生活忙碌了。现在的拿破仑也不再是科西嘉的拿破仑，而是世界的拿破仑了。"

听了拿破仑的话，母亲莱蒂齐娅也振作起来了，说："拿破仑，离开科西嘉岛，对我来说实在是件令人痛苦的事。但是，妈妈愿意跟着你到任何地方去。"

"谢谢妈妈。"拿破仑感动地说。

抵达巴斯蒂亚以后，拿破仑就立刻跟当地的法国政府取得了联络，准备离开科西嘉岛。1793年6月13日的深夜，拿破仑一家和沙里舍吉议员一起平安地搭上了法国的军舰。

偷偷离开了科西嘉，法国军舰在深夜的地中海上，快速地向法国航行，在水平线的附近，已隐约可见法国的影子。被大火焚烧的家逐渐在视线内消失，变成一片漆黑。

当疲惫不堪的母子 9 人正盖着毛毯酣睡时，船舰已快抵达法国土伦港了。睡醒的拿破仑叫醒路易说："路易，我们的船好像到达法国了。"

清晨的阳光照着船底，当他们爬上甲板时，看到呈现在眼前的欧洲大陆。拿破仑拍着路易的肩膀，有力地说道："就是那里，法国正等着我们呢。"

一代名将的磨砺

不一般的炮兵指挥

　　拿破仑抵达欧洲后，为了一家人的生活，立刻返回了部队。身为炮兵上尉，他的薪水能够勉强维持一家生活。

　　母亲莱蒂齐娅带着孩子住在土伦郊外的尼斯，不久后又居无定所，最后住在马赛的郊外，一家人过着贫困的生活。母亲莱蒂齐娅托人找到一份洗衣工作，这份工作对坚强的莱蒂齐娅来说，并不辛苦，但对年轻的女儿，却是相当辛苦。哥哥约瑟夫和弟弟路易二人有时到石油公司做事，有时做临时工，无法照顾家里。

　　这时，革命风暴已经蔓延到全国，反革命军和革命政府军不时地发生战争。拿破仑在返回尼斯部队后，立刻赶赴战场讨伐反革命军。被民众逮捕并幽禁在庙堂内的路易十六，在 1793 年 1 月，与玛丽皇后同被处死。

　　这一事件引起全世界舆论的批评，欧洲各国君主要联合起来与法国革命政府为敌。国内的反对声也高涨起来。反革命分子纷纷集中到拥有坚强要塞的法国要港土伦。马赛地区也发生叛乱，拿破仑的驻地亚维农也曾经被反革命军所占领。

革命政府的指挥官是画家出身的卡尔特将军。

拿破仑从被占领的亚威农，经过马赛，返回部队时，偶然在土伦郊外遇到一位科西嘉议员。他是与拿破仑同乘一条船离开科西嘉的。这位议员的表情好像很忧郁。

"糟糕，拿破仑上尉。攻击土伦的战役非常艰苦，反革命军的力量很强，我方的炮兵指挥官东马尔丁上尉受了伤不能行动，真是糟糕！"

当时土伦的敌人阵地很坚强，革命政府军始终无法攻克。另外，想要阻碍革命军的英国舰队和西班牙舰队，也都停留在土伦港外帮助陆地上的反革命军。

"革命前途不乐观，必须得想办法突破这种僵局，否则革命政府将会很危险。"

拿破仑了解了他所担心的事，便抬起头挺着胸说："老兄，我来担任炮兵指挥官。我发誓一定会攻下土伦港。"

他听到拿破仑的话，非常高兴，立刻向革命政府办好手续，任拿破仑为攻击土伦港的炮兵指挥官。

拿破仑趁着夜晚来到革命政府军的阵地巡视。他发现每个营帐都显得毫无军纪，每个营帐都散发着刺鼻的酒味。连站岗的卫兵都在打瞌睡，也没有对巡视的拿破仑行礼。士兵的军服很脏，皮靴也很破旧。

拿破仑走在醉倒于马路上的士兵中间巡视着，以便了解军队的士气。"真是一群乌合之众，不过指挥得法，仍然可以上战场。"拿破仑这么想着。

新上任的拿破仑巡视完兵营后，去访问卡尔托将军。卡尔托将军穿着笔挺的衣服，坐在椅子上接受他礼节上的访问。

"有什么事吗？"

"我是这次受命担任炮兵指挥官的拿破仑上尉，请多指教。"

卡尔特将军神气地捻着他的胡须，点了点头，说："你就是拿破仑上尉吗？很好。我想给你一些忠告，攻击土伦的战役很快就要结束了，本不需要劳驾你来，当然，如果你也想和我们同享功名的话，那就另当别论了。"

面对他这种傲慢的态度，拿破仑眉头也不皱地说："报告卡尔特将军！我曾研究过土伦的攻击作战，最重要的是先把爱琪特炮台夺取下来。否则，土伦的攻击计划就无法成功。"

"哦，是吗？你对此地的地形好像并不了解。"

"将军，我是经过详细的地形调查，才提出这个建议的。"

"好的，那就让我再慢慢考虑考虑吧！"

拿破仑的建议并未受到重视。从卡尔特将军的话里，拿破仑发现他是个军事外行，是一个无能的人。

拿破仑还想去看看他的部下的情形，这时一群士兵围在火堆旁喧嚷着。拿破仑注意听着他们的谈话。

"新来的炮兵指挥官，长得好像个女孩子。"

"恐怕他一听到英军的炮声，就吓得逃跑了。"

"听说他是个贵族子弟，他难道能跟我们一样吃黑面包吗？"

大家对这位新上任的炮兵指挥官不太信任，正在议论纷纷的时候，拿破仑走了过来，士兵发现了墙上的影子。

"他就是新上任的拿破仑上尉。"

士兵们吓了一跳，急忙站起来，拿破仑却毫不在意，从容地走到火堆旁坐下来。正在说话的士兵们都静了下来，没人敢再说话。大约十分钟后，拿破仑就坐在火堆边发表他新上任的演讲："大家随意地坐下来听着，明天就要袭击屡攻不陷的土伦港，成功或失败，全看各位的努力，希望大家放心地睡吧。"

"这个军官的为人还不错。"士兵们听了他的演讲，对他逐渐产生了信心。拿破仑也正如他所说的那样整夜都在站岗。站岗的整个晚上，他想的都是进攻爱琪特炮台的战略。然后，他还仔细观察了每一位熟睡中的士兵。

苏达因二等兵的体格最魁梧，吉拉尔上等兵好像个性很懦弱，吉诺中士好像很勇敢……

他细心地观察着这一切，慢慢地了解部下。

攻陷土伦港

拿破仑率领士兵们在第二天凌晨就展开了攻击行动。

拿破仑对英国的炮火不但不惧怕，还身先士卒上战场指挥。炮弹像雨点一样落下，但拿破仑都能正确判断出炮弹的落地位置。

"炮弹来了，马希尔下士危险！快趴下！"话音未落，炮弹就已经落在了离马希尔下士20公尺的地方。幸亏他及时趴下了，所以没受伤。

"又来了，吉诺注意。"话未说完，炮弹又落在了吉诺中士的前面。当时，吉诺中士正奉拿破仑命，靠在墙壁上写攻击土伦的报告书，随着一阵爆炸后的灰烟，吉诺消失了踪影。

"吉诺，怎么样了？"一名士兵急忙跑过去。

"没有什么。"吉诺拍掉报告书上的灰尘，脸色一点没变，他的胆识让拿破仑钦佩。也正像他认为的那样，吉诺中士是个很勇敢的人。

士兵们见拿破仑不光勇敢，还很懂军事战略，都十分佩服他。

拿破仑上尉不但能根据炮弹的声音准确判断出炮弹落点，攻击敌军时对所发炮弹的距离和落点也能做出正确的判断。

"真是一名厉害的上尉！"

"屡攻不陷的土伦港，好像有希望了。"

"是的，一定会成功的。"

士兵们终于有了信心。拿破仑的名声也很快地传到了其他部队。

拿破仑的计划被采用了，无能的卡尔特将军被巴黎革命政府调走了，改派了一位经验丰富的朱根梅将军。他果然是军人出身的将领，对拿破仑的才干很欣赏。

他召开军事会议，讨论拿破仑提出的先占领爱琪特炮台，然后在凯尔岬炮轰英国舰队的作战计划。全军经过充分准备，随时等待突击时机。终于，朱根梅将军发布了夜袭的命令，然后连续三天炮轰爱琪特炮台。但突然的一阵大雷雨，影响了士兵们的视线。

"不要迷失方向。"法军排成三列纵队，以密集队形前进。

英军见此情形，立刻猛烈轰击，破坏法军的阵地。等到达英军堡垒时，大部分的法兵都散乱了，也有人逃亡了。

用横木造成的坚强阵地里，剩下不多的法军受到猛烈攻击，纷纷倒下。朱根梅将军和拿破仑上尉一直站在前方，指挥着残余部队继续作战，英军终于被击退了。接着，他们又遇到了西班牙军。

"决一死战！冲啊！"拿破仑的喊叫产生的效果并不怎么样，被炮火包围的法军不得不撤退。

攻击——撤退，如此反复了 3 次。最后，在凌晨 3 点的攻击中，炮台终于被占领了。

"胜利快要属于我们了。"拿破仑利用占领的堡垒作跳板，再度展开攻击。

"明天，最迟后天，一定可以攻陷土伦！"拿破仑做出这项预言。

士兵们对目前的胜利感到很兴奋，但是对拿破仑的预言却不敢相信。因为，只要攻下爱琪特炮台，就能攻陷土伦港，这是对战术外行的士兵所不能理解的。爱琪特炮台升起法国国旗的时候，土伦阵地上所有炮台的英军都开始撤退。拿破仑马上命令三四名号兵到各阵地吹出攻击号。

突然，停在7公里外的土伦港的两艘西班牙舰自己爆炸了。已占领凯尔高地的法国炮兵，由拿破仑指挥，开始居高临下炮击土伦港。英国舰队受不住猛烈的炮轰，终于放弃了土伦港，由海上逃遁。

街上一片火海，法军唱着革命进行曲进入了土伦港。正如拿破仑所预言，爱琪特炮台是土伦的心脏。

"拿破仑上尉的指挥像神一样。"

"他简直就是个魔术师。"

看到拿破仑骑在马上的英姿，革命政府军发出了欢呼声。土伦攻陷的消息传来，巴黎革命政府也非常兴奋，立刻提拔拿破仑为炮兵旅旅长。

艰苦度日

拿破仑是攻陷土伦的英雄，他的事迹也传遍了巴黎。在巴黎政府中很有势力的雅各宾派首领罗伯斯庇尔的弟弟非常欣赏拿破仑。

拿破仑回到巴黎后，罗伯斯庇尔的弟弟想请他担任国内军队的总指挥官，但拿破仑拒绝了。

"我怕自己没能力担此重任。"

小罗伯斯庇尔的提拔，对拿破仑来说是相当大的赏识，拿破仑理应感激，可是拿破仑认为现在是革命混乱时期，而罗伯斯庇尔的声望也大不如前，现在还不是时候。

24 岁的拿破仑晋升为少将，年薪 12000 法郎。

想起以前的贫穷生活，好像在做梦，拿破仑把母亲和弟妹们都接到尼斯海边同住，又在马赛买了一栋新房子，全家过着幸福的生活。

第二年春天，25 岁的拿破仑再度遇到风暴。

当时，身为革命主角而活跃一时的是雅各宾派的罗伯斯庇尔等人。法国革命所引起的外国压力，虽然被拿破仑击退，但在国内，雅各宾派乱抓反革命，逮进革命法庭判处死刑，也引起国内人民的怨恨。

1794 年 7 月，雅各宾派发生内讧，党内稳健派逮捕了罗伯斯庇尔，处以死刑，发动了著名的"热月政变"。

罗伯斯庇尔一派的势力于是被消减了，由反对派当权，罗伯斯庇尔过去常把异己分子送上断头台，没想到这次轮到了他自己。

拿破仑因为曾经与罗伯斯庇尔的弟弟有往来，因此也被逮捕，关到了尼斯的福凯尔监狱里。

拿破仑内心很愤怒，同时被捕下狱的还有在土伦和他并肩作战、极为勇敢的吉诺中士和马尔蒙等人。

吉诺对拿破仑说："我们也许会像罗伯斯庇尔一样的被

送上断头台，应该想办法逃走才对。"

拿破仑摇着头说："不，我决不逃走。我自认问心无愧，为什么要逃走？自己的良心就是最好的审判。"

于是他写信给巴黎国会，对自己受冤枉的事加以辩白：

"革命发生以后，我自认对国家没有丝毫不忠，为了法国和平，我甚至牺牲一切而战。我很荣耀地得到了爱国者的美誉，不料今日却被捕下狱。你们与其相信别人中伤我的话，不如听听我的辩白吧。"

两星期后，拿破仑被释放出狱。但他不再担任旧职，新政府任命拿破仑为万氏地区的炮兵指挥官，这就像是被放逐外岛一样。他拒绝了这项任命，新政府就把拿破仑的名字从现役将官名簿中除去。

失去了陆军少将的职位，拿破仑再度过上了贫穷的生活。

拿破仑自己也没想到，因为攻陷土伦的功绩而得到的职位，竟如此残酷的被免除了。

他带着弟弟路易来到了巴黎，在胜利广场附近的迈勒路的房子里望着天空叹息，拿破仑穿着破旧军服，留着长头发，眼神黯淡，没人会想到，他就是攻陷土伦港的指挥官。

拿破仑在军队中的积蓄也花光了。拿破仑的生活日益艰苦，便开始卖旧书，换面包充饥。即使这样，每3天中仍有一天吃不到面包。

看着弟弟路易每天无精打采的出去变卖东西，拿破仑心里很难过。

拿破仑的母亲因为他没寄钱回马赛便开始找工作，却从来没有向拿破仑要钱。

正当拿破仑生活陷入困境的时候，他的好友布宁恩来到巴黎，想要帮助拿破仑渡过难关。布宁恩也失业了，但比起只知军队生活的拿破仑来要世故得多。布宁恩说服拿破仑出租房子，或摆旧书摊，但这些都因经营不善而出现赤字。

后来布宁恩提议，两个人又开始做股票生意，尽管他们拼命想赚钱,但是落魄潦倒的两人始终不够幸运。不光这些，一想到自己还身在马赛的母亲，拿破仑就很焦急。

这段时期在拿破仑一生中，可以说是最不幸的。每天无所事事，这对有才干、有野心的拿破仑来说，尤其难以忍受。

再次被提用

一天，拿破仑从街上散步回来后抓住布宁恩，兴奋地说："布宁恩，我今天想到一个妙计，希望你赞成。"

"说说看。"

"布宁恩，你听了以后不要害怕，我要去土耳其。"

"哦！你要到土耳其？"布宁恩的确吃了一惊。

"是的，我准备到伊斯坦布尔土耳其王手下担任炮术教官，从事土耳其军事和政治改革。我要以土耳其做跳板，然后再到更东方的大陆去，所以我决定先到土耳其去。"

布宁恩默默听着拿破仑的话，心里想：这只是他的幻想罢了。

"我不以为然。"布宁恩温和地说。

"吉诺、马尔蒙听到这个消息，一定会很高兴。土伦的勇士们一定会赞成我的计划。"

从那天起，拿破仑的土耳其热越来越高昂。训练土耳其军队，对法国的敌人奥地利、英国、俄国来说，就像一把剑从另一个方向插入他们胸中。

东方大陆是拿破仑所向往的，那里是一片无垠的大陆，还有很多尚未开发的国家，这些国家都缺乏自由的阳光。他要到那个皇帝任性、政治无能、人民被视为奴隶的东方大陆去！

拿破仑在这段不得志的期间里，为了实现他的这个计划，每天都在努力用功着，到土耳其去要经过哪些地方？需要怎么的兵力、武装，需要多少粮食？拿破仑的数学天赋，在此时发挥无遗。他把计划做完后，又觉得把这个计划放在身边太可惜。

"我要把这个计划向军部提出。"有了这个想法，他很快就行动了，把自己的计划向军部提出了。但是他已被除名，根本就没人肯采纳他的意见。

国内军总指挥官谢尔勒将军看到他的计划时大吃一惊，他说："这像是一个狂人头脑所设计出来的作战计划。"然后便把计划扔到了一边。

拿破仑感觉很失望，对巴黎也不再存有任何依恋。

"我还是离开巴黎，到别的地方去吧！"当时的拿破仑，只要能离开巴黎，即使是魔鬼居住的地方他也愿意去。但这时法国的局势又发生了改变，也给了拿破仑更大的活动舞台。

新政府消灭了雅各宾派的势力后，掌握了政权。但在地方上仍有反革命派的势力，于是雅各宾派和反革命合作起来反对新政府。这时候，陆军部长换人了，原来对拿破仑极无好感的陆军部长下台，新部长上任。新任陆军部长为了挽救政府危机，巩固法国的边防，计划进军意大利，他需要一位对意大利很有研究的人才，有人向他推荐拿破仑。

拿破仑对意大利极有研究，在与部长晤谈后，他知识之丰富让部长大为吃惊，他对意大利北部和奥地利的各种军事知识、气候、风土、地理、社会、人物等，都有独特见解。

拿破仑的作战计划是越过阿尔卑斯山，从奥地利的伦巴底突击曼德瓦，再进军北方的提洛尔，然后和莱茵方面的军队会合，进攻维也纳。

"你的计划很大胆，我要仔细地研究看看。"部长回答说。

"你的作战图请赶快送来。"

"请您稍等一下，我的作战图在30分钟之内就可拟好。"

这又让部长很惊讶。

旁边的人也说："30分钟就能拟好吗？"他们看到拿破仑信心十足的态度，感到半信半疑。

拿破仑果然在30分钟之内拟好了作战图。他所提出的战略计划终于被采用了。从这天开始，他被派在陆军军部服务。

拿破仑虽然在陆军军部很认真地工作，但他并没有放弃向东方进军的计划。

"在国家危急时刻，曾任炮兵指挥官、打过胜仗的拿破仑，请求政府把他派到土耳其去。"

拿破仑终于以自荐的方式，请求派往土耳其。但他还是被拒绝了，对此拿破仑并未失去信心。

1795 年，法国革命后的第 6 年，国内尚未恢复平静，暴乱到处可见，这一年的 10 月 2 日，反对政府的反叛军陆续在巴黎各地起事，反对派发动了三万名兵力，以国民军的名义，使政府再次陷于危险局面。

紧张的政府任命执政官巴勒为政府军总司令官，因为前总司令官梅奴不愿意出兵讨伐国民军。虽然他们是叛军，但同样是法国人，尊重人民的政府怎么能向法国人民开炮呢？梅奴认为，法国人不可以自相残杀。因此梅奴将军被视为叛徒遭到了逮捕。

继任的巴勒很了解这项任务的重要性，他希望有人能助他一臂之力。他想到了攻击土伦的英雄拿破仑。

凌晨时，拿破仑被请到巴勒跟前。

"拿破仑，我想请你当我的参谋。"巴勒把手放在拿破仑的肩膀上，请求拿破仑帮助他。这个请求让拿破仑很为难。

"让我考虑一天。"拿破仑没有立刻回答。

虽然彼此的主义和思想不同，但大家都是法国人，革命已经很难得的成功了，又怎么能把自己的同胞当成敌人开火枪杀呢？何况是在巴黎这个地方。好几万人民雪亮的眼睛都在注视着这次暴乱，看政府如何处理。只要稍微有轻举妄动，就会引起人民的仇恨。

"我求求你，拿破仑，你再考虑3分钟，只要你肯答应，我立刻任命你为法国国会防卫军的司令官。"

拿破仑一直没有回答，这对一向很有决断力的他而言，是很少见的现象。3分钟过去了，巴勒脸色苍白地等着拿破仑的回话。拿破仑终于答应了，他也露出了微笑。

"好，我答应。"

"哦，你答应了吗？"

拿破仑考虑到将来，这次任务即使成功，也不是件光荣的事，或许在历史上会留下最大的恶名。但是如果自己没有实权，什么事也做不成。

保护宫殿的兵力只有3000左右，加上志愿的市民2000多，总共才不过5000来人，而暴徒却有30000多人，兵力相差6倍。

暴徒们想要一举打倒革命政府，再度建立波旁王朝，拥立被处死的路易十六的弟弟为法国国王。议员们都很惧怕，如果不阻止叛乱，革命政府的议员将会被全部处死，那些曾经参加过国民革命的巴黎市民也都感到不安。

谁能挽救此次危机呢？

解除危机，成为法军总司令

就如巴勒所深信的一样，能够挽救国家危机的人，只有拿破仑，他走出巴勒家后，立刻展开了布置行动。政府军人数太少，拿破仑为了增加军势，把牢内的偏激份子释放了，让他们参加政府军。

拿破仑骑着马到达一片骚动的议会。爱说话的议员们只知道纸上谈兵，拿破仑站在会场的入口处，大声喊叫："保持肃静！"

等议员们静下来后，拿破仑已经数清楚一共有 800 名议员，这 800 人也是相当难得的兵力。

"现在是政府的危急时刻，你们不要再争论了。赶快拿起枪杆吧！我现在是以军总司令的资格命令你们。"

"什么？拿枪？"

"你要我们参加战斗吗？"议员们都怔住了，但没人敢拒绝拿破仑这项具有权威的命令，只得很不情愿地拿起枪杆上前线。

"好，这样就可以了。"

　　拿破仑把大炮迅速从巴黎郊外搬到宫殿广场。当晚，拿破仑马不停蹄地忙碌着，他一会儿出现在广场，一会儿出现在议会，又从议会赶到前线。他飞也似的出现，发布完命令后又立刻不见了踪影。

　　萨布隆的大炮，由拿破仑的部下米勒骑兵中校负责将它们搬到宫殿。

　　"好极了！已经胜利了！"拿破仑偷偷地会心微笑了。

　　50门大炮已被安置在蒂伊勒里宫殿前面。叛军在稍后才想到萨布隆的大炮，急忙想去抢夺，已经晚了一步，米勒中校把大炮全撤走了。

　　这所有的布置仅仅用了5个小时。

　　原本害怕叛军来袭而不知所措的政府，被拿破仑在很短的时间内就布置完毕了。一切都准备妥当，议员们尽管害怕，也拿起枪，掩蔽在碉堡内，决定与暴徒一决死战。

　　月亮升起后，叛军发出了喊声，展开攻击。拿破仑一直注视着攻击过来的叛军。炮手装好了炮弹，正等待着拿破仑的发射命令。

　　突然，拿破仑举起右手："发射！"

　　"轰"的一声，所有的炮弹一齐发射出去，瞬间烟火弥漫了整个广场。炮弹在叛军的头上爆炸。炮火把叛军炸得粉身碎骨……广场上到处都是血迹，此刻的景象真像是地狱！

　　巴黎以前也曾发生过好几次暴动，但从来没有一个军人敢采取这样的措施，难道政府军容许这样做吗？

"出现了一个可怕的人物！"

"这个人实在很残酷！"

大家都在议论拿破仑，许多叛军都惧怕地逃回家中。

拿破仑以 5000 兵力，在短短 3 个小时内，彻底击退了反革命军。

但是此刻的拿破仑站在大炮旁，一点都感觉不到胜利的喜悦，反而有一种很深的孤寂感。

当初他和布宁恩看到暴民攻击蒂伊勒里宫殿的情形时就想过，如果是他就决不让暴民这么做。这一天的悲剧，是拿破仑终身不可磨灭的痛苦，但是在议会中，人们都把拿破仑当做凯旋的将军，一致鼓掌欢迎，他以冷漠的态度，接受了议会给予他的掌声。

"就这些害怕炮声、脸色苍白、不知所措、犹豫再三的议员们，难道是全国国民选出来的吗？"拿破仑这样想着，但不管怎样，拿破仑这个贫穷的青年一跃成为了法军总司令官陆军中将。

他把六万法郎的薪水送到母亲莱蒂齐娅的手中，处于饥饿状态的母亲和弟妹们不知道有多高兴。出生在科西嘉的拿破仑，现在成为了法军总司令，全法国没有一个人不知道拿破仑。

革命的动荡给法国民众带来了饥饿的恐慌，民众拥挤在商店门口抢着买面包，市内并不十分平静。拿破仑带着侍从，骑着马在街上巡视，他向民众打招呼，不管对方如何贫穷，他都跟他们愉快地话家常。

"老伯，今天天气很好。"

"好什么？你们这些做官的知道什么，我从早上到现在连一块面包都没吃到了！"

"彼此，彼此！"

"哦，肩章闪闪发亮的人也会挨饿吗？"

老伯的口气很不好，可是拿破仑一点都不在意。

"老伯，你看我瘦成这样了，你要比我胖多了。"

听到他们对话的侍从和民众都笑了，自法国革命以来，第一次听到民众的笑声。虽然到处是饥饿的民众，只要能够和平的度日，一样会有笑声的。

1796 年 3 月，27 岁的拿破仑和偶然认识的约瑟芬夫人结婚了，约瑟芬是一位活跃于社交界的女性，她年龄比拿破仑大。大家觉得这桩婚姻很奇怪，而约瑟芬明知道拿破仑心里只有军官的披风和指挥刀，却仍愿意跟他结婚。婚后第二天，拿破仑接获远征意大利的命令，他忘记了新婚燕尔的妻子，欣然负起远征军的任务。

统兵远征意大利

不久，巴黎恢复了秩序，法国终于平静了。以巴勒为首，选出三位总裁共同执政，并且积极筹备对外国的侵略。

奥地利军队经常经由意大利侵略和威胁法国。于是，巴勒发布命令，派遣拿破仑担任意大利远征军的指挥官。

"反正不可能成功，谁担任指挥官都一样。"所有的军人都认为这个计划不会成功，只有拿破仑跟别人想法不同。

"我要保护巴黎市民，虽然我痛苦，但却能保障市民的幸福。"他抱着不屈的志向，向意大利出发。中途经过马赛时，他顺便回家看望了母亲，又立刻赶往尼斯驻地。

当时，拿破仑27岁，他太年轻，政府不放心，想指派老练的阿尔卑斯军指挥官凯尔曼担任拿破仑的副司令官，但是被拿破仑拒绝了。

"我一个人就可以，不需要任何人帮忙。"他的态度坚决，政府将领也就不再坚持。但拿破仑一到尼斯，就感到失望，因为他所要率领的军队已经在阿尔卑斯山山脉驻扎了3年，士兵间流行着疾病，军服破旧，连佩剑都是断的。士兵们每日酗酒，到处抢夺。在马希纳将军司令部中，竟连发布命令用的纸都没有。

阿尔卑斯山上覆盖着皑皑白雪，雪不断地下着，情况非常恶劣，这样一来，几乎有四分之一的士兵生病，四分之一的士兵逃亡或被俘，剩下的士兵就只有半数而已。衰弱不堪的兵马让拿破仑感到很担心。

官兵们还不知拿破仑是谁，只知道他是一名27岁的年轻小伙子，军官中，拿破仑最年轻，而奥吉罗、马希纳、夏尔耶、吉贝尔、蓝奴等，都是能够以十当百的勇将。

"那个年轻小伙子，能做些什么事？"

"派了这么一个瘦削的将军来当指挥官，可见军事当局很轻视我们。"

"据说他是一个数学天才。"

"那就让他用数学打仗好了。"

此外，跟随拿破仑来的幕僚，如吉诺，马尔蒙等，也都非常瘦。这是因为他们在土伦所感染的疥癣菌已遍布全身，同时又患有膀胱炎，土伦激战时，又感染了土伦沼泽区特有的热病，以致两眼都变成了黄色。

奥吉罗将军等人初次看到拿破仑时，为他的长相大吃一惊。

"好可怕的长相。"连身经百战的将军看到拿破仑的样子都感到害怕，奥吉罗将军自己都感到奇怪。其他的将军也以为拿破仑中了什么毒，才变成这副模样。

经过数日相处，士兵们才了解到新任的拿破仑将军并不像他的外表那么可怕，而是一个性格温和的人。士兵们渐渐地对拿破仑尊敬了起来。

但是疲惫不堪的三万多名士兵、瘦弱的四千多匹马、二十几门山炮和仅余差不多30万法郎军费的军队，要穿过大雪纷飞的阿尔卑斯山，去进攻意大利，这简直是不可能的，除非奇迹出现。

连官兵们听到要越过阿尔卑斯山的消息后，都害怕起来。

"这简直是疯子的决定。"

"我们根本无法办到！"几乎所有的官兵都这么怀疑。

"我要让士兵们知道，什么是不屈的勇气。"拿破仑把士兵集合起来，举行阅兵，然后用他那可传到阿尔卑斯山山谷的如洪钟般的声音演说：

"各位士兵！虽然你们衣不蔽体，食不果腹，但政府把你们当做是唯一的依靠。自从你们驻扎在阿尔卑斯山以来，各位坚韧不拔的精神，一直是法国军队的榜样。以后我要跟着各位向世界各地进军，为此我深感荣幸。在这个新战场上，希望各位仍能和以往一样，成为法国军队的楷模。胜利就在我们的眼前，只要越过阿尔卑斯山，下面就是肥沃的绿色平原和美丽的城市。我们快鼓起不屈的勇气来吧！"

拿破仑的演说是以往任何将军不曾说过的，内容非常热诚有力，原本毫无精神的士兵们都鼓起了勇气。

"法国万岁！"

"法国军队万岁！"

全军的欢呼声在阿尔卑斯山间回荡着，但军方的不安仍未消失。拿破仑也不敢相信，只靠这一篇演说，就能获得士兵们的拥戴。所以他决定要想办法打一场胜战，只要打胜了第一场战役，以后带兵就容易多了。拿破仑率领的军队就这样向意大利进军了。

拿破仑曾详细研究过越过阿尔卑斯山的方法，以及它的道路，知道必须在雪尚未融化以前越过山岭，趁着敌人尚未戒备之前进攻方能奏效。于是，大队兵马越过阿尔卑斯山，这时，已经是春天了。远远望去能看见波光粼粼的河面，下面就是广大的伦巴底平原。意大利到了！拿破仑军队发出欢呼的声音。"噢！到了伦巴底，就是意大利的平原了！"

"世界就在我们脚下，赶快向意大利前进吧！前进！"拿破仑骑在马上，下达了前进的命令。他们想乘敌不备大举进攻，越过阿尔卑斯山大雪的拿破仑军队，立刻打败了萨丁尼亚王的军队。

拿破仑想了一条妙计，全军都打起军鼓，一齐前进。军鼓的声音就像是长达数公里的大军一样，萨丁尼亚军队吓了一跳，误以为是大军来袭。这里拿破仑最拿手的数学派上了用场。就这样，双方展开了6次激烈战斗，每战都胜利。法军一共抢到21面军旗，50门大炮以及攻占了4处要塞，获得了大胜。

士兵们对拿破仑的战术非常佩服，就像拿破仑所说，只要下了山，就是意大利肥沃的平原，饥饿的士兵们都饱餐了一顿。

"将军没有骗人。"士兵们边吃水果，边赞扬拿破仑。

拿破仑与意大利的萨丁尼亚王签订和约的消息立刻传到法国。"太好了，阿尔卑斯山在我们的掌握中了。"

"意大利的大门被打开了。"

为了庆祝拿破仑的胜利，巴黎宫殿竖起胜利的军旗。

在萨丁尼亚军队之后，要来迎击法军的是奥地利军队。拿破仑军队将要遭遇到强敌。

当时意大利被奥地利侵占，因此意大利希望拿破仑军队是他们的朋友，更希望奥地利军队打败仗，拿破仑军队能获胜。意大利人民都这么想。意大利人民的声援，对拿破仑军队是一项很大的鼓励。拿破仑了解意大利人民的想法，一再吩咐部下要严守军律，绝不可以骚扰人民。

"拿破仑军队是我们的救星。"意大利人民都这样想。

奥地利军队中的老将波吕留已经 72 岁，是一名老练的将军。他听到拿破仑军队越过阿尔卑斯山的消息，立刻派兵包围拿破仑军队，想要一举歼灭他们。可是拿破仑军队行动快速，他的突袭屡次扑空，并且与奥地利亲近的萨丁尼亚王也已经死了。

奥地利军想在波河阻挡法军，派遣 1 万名步兵及 30 门大炮来保护洛迪的桥梁。双方在阿达河唯一的木桥上展开激烈的战斗。拿破仑的部下波门带领着骑兵渡过下游攻击敌侧。拿破仑则亲自举着军旗在木桥上突进。走到桥中央时，受到敌人炮火的轰击，他的部下一一掉入河中。

拿破仑站在桥中央，停下来想："不行！"他想要撤退，可是他的部下比他想象的还要勇敢。他们沿着桥墩涉入河中，然后游到对岸的奥地利军阵地中，向敌军开火。谢天谢地！拿破仑跪了下来，感谢上天。

"过了桥就是胜利了！"

"法国万岁！"然后他们由桥上冲进奥地利军阵地，展开肉搏战。

"不要杀死将军。"

"赶快来救我们的小伍长！"士兵们跟在拿破仑后面，像怒涛般的攻击，使奥地利军措手不及，奥地利军大败。"小伍长"就是永远站在最前方指挥作战的拿破仑的绰号。

他虽然身为总司令官，仍然和士兵一样亲自装炮弹，有时也拿起枪杆向前冲锋。士兵们都很尊敬他，大家看到这个将军和伍长一样辛苦，所以给他取了这个绰号。

洛迪战役结束后的第四天，法国军队进入了伦巴底的首府米兰，蒙特诺特战役后，艾勒西摩、德哥、蒙德依、克拉斯柯等都被占领了。

拿破仑已经成为了全欧洲的英雄。

在他进入米兰时，获得了雷鸣般的掌声，并受到了意大利人的欢迎。每当进入一座城市，拿破仑就立刻废除旧法，另行新法，拿破仑给市民们带来了新的自由与平等。

直到进入米兰，拿破仑才好好地享受了一次沐浴，为了清洗掉积了好几个月的污垢，进入浴室后，他3个小时都没出来，当然他在享受沐浴的同时已经构思好了下一次的作战计划。

在米兰稍作休息后，拿破仑立刻追击波吕留将军所率领的军队，奥地利军也在想尽办法要把法军从伦巴底赶走，所以一再地征召新兵，反击法军。法军包围了曼突阿，奥地利军顽强抵抗，屡攻不下。两军死战，在一片泥淖地带互有进退，形成拉锯战，一时无法分出胜负。

奥地利军的新兵日益增多，7月的天气炎热，双方军队展开了一场苦战。不久，法军终于开始撤退了，在撤退的时候，拿破仑不小心滑落泥沼中。泥沼地一向被认为是根本不可能作战的地方。拿破仑看准了这一点，下令往该方向撤退，以为敌人就不会追过来了。但是他的计算失误了，奥地利军竟然乘胜追击。

"司令官怎么不见了？"

"将军在哪里？"

法兵寻找滑落泥中的拿破仑，拿破仑隐藏在一堆芦苇丛里，带着枪的敌兵为了追击法兵，正好经过阿吉吉桥。但是此时，泥水已经淹到了拿破仑的胸部，面上的污垢使人看不出他是士兵还是士官。敌兵经过芦苇丛附近时，也看到了拿破仑。"还有没死的法国兵！"说着就走过去了，没有想到他就是司令官。

不久，想要清洗污泥的法国兵在阿吉吉桥附近和敌兵发生了搏斗，就在芦苇丛旁边把奥地利军打败了。当拿破仑从泥中走出来时，形势已好转。奥地利军被再度返回、决一死战的法军敢死队杀得落花流水。

这次战役中，有为了保护拿破仑而受伤的，有人在敌人炮火轰击时，利用自己的身体掩护拿破仑而壮烈殉职，血溅到拿破仑的脸上，他流下了悲伤的眼泪。

"从明天开始，无论如何，我一定要保护士兵们的安全。"原本散漫的意大利远征军，在拿破仑的指挥下，成为了欧洲一流的军队。最后，他们终于攻下了屡攻不下的卡迪罗高地，并且占领了曼托瓦，远征意大利北部终于大获全胜。

拿破仑成为威尼斯共和国以外的北意大利的统治者。

几次战役下来，奥地利军都被拿破仑的妙计所败，不得已，奥地利军被迫撤退到维也纳被迫与拿破仑签订和约。

妈妈来探望

每当拿破仑打败敌人时，都立刻和敌人签订和约，以便利用他巧妙的外交政策，获得更多的战利品。

越过阿尔卑斯山的战争渐趋平静，整个意大利恢复和平的日子也不远了。但是，奥地利军一再拖延缔结和约的时间，存心观望。

拿破仑不在国内时，法国内部的保皇派与革命派不和，政府随时都有被推翻的可能。奥地利想利用此种情势来做有利的交涉，因此故意拖延和约的签订。拿破仑为了安定国内政府，派密使回巴黎，利用拥有实力的政治家，制服了保皇派。

"拿破仑还是个成功的政治家。"连卡鲁鲁大公都很佩服他，拿破仑为了交涉和约的事，逗留在米兰附近的孟特贝洛。

这时母亲莱蒂齐娅思子心切，从遥远的马赛赶到孟特贝洛来看望拿破仑。莱蒂齐娅看到晒得黝黑的儿子，伤心得热泪盈眶。

"拿破仑，你太辛苦了，看你瘦成什么样了……"

"妈妈，别担心，我的身体是越来越强壮了。"拿破仑用枯瘦的双手抱住母亲。

"你的成功很让我高兴，但是我更关心的还是你的健康，再这样下去，你会死的。"

拿破仑当时感染了热病、皮肤病和膀胱炎，身体很虚弱，看起来好像快死的样子，气色很不好。

"妈妈，我不会死，只有在作战的时候，我才能感觉到生命的意义。"但是，母亲好像看透了他，对拿破仑摇了摇头。

"你想要留名后世是好事，但无论如何，生命才是最重要的。"儿子从科西嘉的拿破仑成为了世界的拿破仑，但是母亲却感到很不安，她用担心的眼神看着他。

"妈妈，我会照顾自己的。但妈妈您要保重身体，好好地活着，我想要母亲永远关怀我。"

"我会永远活下去的……"

母亲离去时，仍然担心着儿子的健康。

进军埃及

1796 年 10 月 13 日，破晓时分，拿破仑起床后，拉开窗户一看，愣了一下。附近的山一夜之间积满了白雪，远方的阿尔卑斯山山峰是一片银白色。

"糟了！才进入 10 月，寒气就来了，我必须和敌人赶快签订和约才行。"拿破仑军队现在虽有 8 万多，但能派到战场作战的只有 5 万人。如果抱有决死之心的奥地利军发动总攻击的话，将会造成无法收拾的局面。再过 3 个月，阿尔卑斯山的山路一定会被雪埋没。

"这场雪可能会让法军在阿尔卑斯山被消灭。"有了这层顾虑，拿破仑一再地催逼奥地利军使节赶快签约，但使节的态度仍未改变。

拿破仑很生气地说："我后悔没有把奥地利彻底消灭。你们等着瞧吧！我会征服整个欧洲的。难道你们不知道我的厉害？"拿破仑拿起使节身旁的花瓶，用力摔在地上。

使节吓得面如土色，赶紧回去把情况报告上去，狡猾能干的卡鲁鲁大公也不敢得罪拿破仑，于是按照拿破仑的要求，答应签订和约。

这就是代表法国光荣与胜利的《坎波福尔米奥和约》。

1797 年 12 月 5 日，意大利远征军总司令官拿破仑将军凯旋回到巴黎，巴黎市民们聚集在宫殿广场前狂热地想目睹这位世界英雄的风采。拿破仑很感谢巴黎市民对他的欢迎，但他也发现，政府并不欢迎他的凯旋。这些政府首脑们表面上欢迎拿破仑的凯旋，内心里却因为这位将军深受人民的拥戴而深感不安，非常嫉妒。上至政府执政官巴勒，下至外交部长达利南，因为拿破仑的归来展开了冷战。

巴黎市民都在传说："拿破仑恐怕会被人毒杀。"

但拿破仑对这些事一点也不在意，经常邀请住在他家附近的诗人戴西迪、作家康斯丹等艺术家及科学家拉普拉斯等谈论诗及数学等问题，日子过得很愉快。

在这段休息期间，拿破仑的脑中仍在构思伟大的计划，面对法国政治家们丑陋的面目和阴谋，感到厌烦的拿破仑躲在巴黎的一个角落里，展开了他的世界地图，正在计划下一次的作战。

反对法国革命而欲加阻挠，并说服欧洲各国反对法国的主要国家有奥地利和英国。奥地利军在意大利战役中被拿破仑击败，接着该征服英国了。英国想要在地中海的马耳他岛和埃及、叙利亚等处建立根据地。

拿破仑为了占领英国本土的计划，曾数次到英国对岸观察。有一天，当他站在曼登海岸调查时，望着多佛尔海峡，忽然感叹地说："没有希望了。"法军纵然强大，但要攻击拥有强大海军的英国，海上补给将会发生困难。纵然侥幸能够渡过海峡，进入英国本土，一旦补给断绝，就会全部被消灭。而且不管如何努力，在这几年中，法国的海军也绝不是英国的对手。

攻击英国的计划不可能实现，拿破仑调查回来后，又展开了另一个计划。

拿破仑的秘书官布宁恩和远征意大利的将军们，都对他大胆的计划感到不安。

"布宁恩，我有个好主意。"

布宁恩知道拿破仑的报告书是没有希望的，便表示怀疑地说："你有什么好主意？"

"埃及！就是埃及！"

"埃及？怎么说？"

"我在米兰附近的孟特贝洛望着辽阔的大海，想到一个作战计划，在海的那边，有埃及和印度，只要控制了埃及，就能切断英国和印度的联系，英国的商业会受到影响，英国想要征服世界的梦想就会破灭。怎么样，布宁恩？"

"是，我知道你早就有这种梦想，先是埃及、印度，之后再征服亚洲。你以前就说过：'布宁恩，东方有6亿人口，我们不能永远待在欧洲。'这是你的夙愿，我不会阻止你的。"

拿破仑听了布宁恩的话，笑着说："你的记性很好。我从布里安纳军官学校开始，就一直对东方怀有梦想，想要完成亚历山大的事业，就连睡觉时我都这么想。"

"但是，将军……"

"你不要阻止我，布宁恩，我已经决定了。"

布宁恩了解拿破仑的个性，一旦下了决心，谁也阻止不了。

回到巴黎后，拿破仑就把远征埃及的计划和外交部长达利南商量。

"埃及？"

达利南以为拿破仑又要玩什么花样，他对拿破仑的作战计划感到头痛，但他们彼此心照不宣地笑了，好像在说：随你去吧！你最好滚到地狱去。

能够把难缠的拿破仑赶出巴黎，是一件令人高兴的事，没想到现在拿破仑自己提出来，

"赞成！""赞成！"这件事情就这样决定了。

1798 年 5 月 19 日的深夜，350 艘船舰载着大约 38000 名陆军，16000 名水兵，由土伦港出发。当时正遇到强烈风暴的侵袭，旗舰东方号的帆樯被狂风吹得嘎嘎作响，好像要被撕碎一样。

38000 名将兵想要在暴风中歼灭英国舰队，英国海军很快便知道了拿破仑的行动，一路追击过来。著名的英国舰队司令纳尔逊率领的英国舰队，好像鲸鱼在追逐鲛鱼一样，直向土伦港驶来。一旦相遇，双方就会展开殊死战，但是要对付纳尔逊是没有多大胜算的，恐怕这些忠勇的将士们要一个个都落入海中了，所以绝对不能与英国舰队正面相遇。拿破仑的目的地是马耳他群岛，纳尔逊司令的判断很正确。

不久，英国舰队追上了拿破仑的舰队。但纳尔逊只看到一片漆黑的大海和汹涌的波涛，并没看到拿破仑舰队的踪影。这也难怪，纳尔逊舰队速度太快，竟然不知不觉超过了拿破仑舰队。

如果再稍微慢一点，两支舰队就会相遇并打起来，就在这千钧一发之际，躲过敌舰的拿破仑舰队绕道而行。拿破仑很庆幸。

6 月 10 日，拿破仑舰队在马耳他岛登陆，没有经过交

战就占领了马耳他。拿破仑想用该岛做跳板，再登陆埃及，于是把舰队向着亚历山大港出发。

在土伦的时候，纳尔逊以及他的部下们就发誓，一旦发现拿破仑舰队，一定要把他们全数歼灭。他们不停地在海上搜寻拿破仑的舰队，"他们可能会去亚历山大港。"纳尔逊再度作出了正确判断。也许太过兴奋，他们的舰队又因速度太快，比拿破仑早两天到达了亚历山大港，当然没有看到拿破仑舰队的踪影。

糟糕，又判断错误了！纳尔逊连忙改变舰队的航向，离开了亚力山大港，如果他再多留一天，一定能碰到拿破仑舰队。拿破仑舰队派出的刺探小船，提早一天到达亚历山大港时，纳尔逊舰队正好要离开亚历山大港。纳尔逊在广阔的地中海上像追赶影子似的，忽东忽西地追逐，逐渐感到疲惫不堪。

6月22日午夜，拿破仑军队平安地踏上了埃及的土地。占领了亚历山大港后，即刻进军埃及首都开罗。跟随着拿破仑军队前来的还有180余位学者，他们想利用科学的力量，揭开埃及的神秘。

一路上，他们遇到在沙漠中勇敢善战的贝都因族的攻击，击退他们后，又继续进入沙漠，越深入沙漠内陆，行军就越困难。走在最前面的德希将军一再催促："受不了了，士兵们都因炎热病倒了，一定要赶快想办法救救他们。"

决不能后退，即使这样，拿破仑的决心并没有动摇。在没有水又炎热异常的沙漠中，全军继续前进着。士兵们在痛苦的行军中，越来越感到不耐烦，更不必说战争了。

贝都因族一旦看到倒卧在沙漠上的法国士兵，就毫不留情地杀死他们。到处都有法国士兵的血。

7月10日，他们继续往拉马哈尼前进，已经能看到前方出现的金字塔。跟随军队而来的学者和美术家们对于沿途的人面狮身像及金字塔，已经不再感兴趣，他们只想着赶快返回法国。其中有一些人发疯了。

"我们不想再行军了！"

"让我们回去吧！"

"天哪，我的眼睛快要失明了！"

"水！水！给我点水，哪怕一点点也行。"

"水！水！我要水！"军队不再像个军队，简直和攻击宫殿的暴徒一样。

"司令官，为什么把我们带到这种地方来？"

"你没有事先告诉我们啊！"

他们都责骂着拿破仑。

即使长年跟着拿破仑征战的豪杰之士，也疲惫得说不出话来。虽然到处是士兵们痛苦的喊叫声，但拿破仑的决心仍毫不动摇。拿破仑紧闭着嘴，默然不语。忍耐一下，只要能到开罗，一切都能解决，要骂就随你们骂吧！只要你们觉得痛快就好。

既然金字塔出现了，那开罗也就不远了。士兵们抱着这份希望，继续向前进。正在此时，马美卢族的骑兵突然来袭，拿破仑利用金字塔做屏障，放好大炮，向突击的马美卢骑兵发射。他们前仆后继地冲向法军，真是一群可怕的强敌。

"各位官兵！有四千年文明的金字塔正在看着你们，在此地被打败，将是法国的耻辱，我们死也不能后退。"拿破仑在阵前发布命令。

看到法军应战的情形，马美卢族人在遗留下好几百具尸体后撤退了。

"法国军队实在太厉害了！"

"那个指挥官好像火神一样。"

拿破仑站立在炮火中的英姿让马美卢族人丧胆，听到火神要来的消息，全埃及也感到一阵恐怖。

7月21日，黎明前，士兵们睡眼蒙眬地看着出现在他们眼前的美景，以为是海市蜃楼，是天方夜谭中的幻影。士兵们都骚动起来，看清楚眼前的景物并非海市蜃楼而是开罗城时，个个都兴奋得欢呼起来。之前他们看到的幻影，竟是开罗城里的寺庙和宫宇，因为受到强烈阳光照射而呈现出的玫瑰色的摩卡丹山也呈现在眼前。

拿破仑军队终于进入了充满

埃及沙漠中的金字塔

黄金珠宝的开罗城。围巾、地毯、金银、陶器以及从来没见过的东方美酒，这些珍贵的东西让士兵们兴奋极了。士兵们每天吃喝玩乐，唱着革命歌曲度日，学者和美术家们恢复精神后，对埃及的风物也感到惊奇。

拿破仑军中一片喜庆气氛，大家把过去的痛苦都抛到了九霄云外。但拿破仑没有被胜利冲昏了头，他派人在开罗各街上公布他所拟的"告埃及人民书"：

> 法军是为了给你们爱、自由和平等而来的，绝不是来侵略贵国的。
>
> 埃及人民请相信我们吧！

拿破仑下令严禁部下杀害埃及人，如有违反，立刻处以死刑。

无所不能的英雄

接着，拿破仑又计划进军印度，拿破仑很向往东方国家。就在这时，发生了一件事。拿破仑登陆埃及的舰队被击沉了，停泊在尼罗河口阿布基尔湾的法国军舰，遇到了纳尔逊的舰队，被全部歼灭了。

听到这个消息，拿破仑一时也失去了主意，茫然发起怔来。

"怎么回事？这样一来，我军会被遗弃在沙漠中。"拿破仑军队与法国本土中断了联系。到底要怎么办，才能回到法国呢？

"真糟糕，我只注意陆军，没想到因此而失败了！"幕僚们也因绝望而面无血色。

"可恶的英国舰队！"

"如果我们拥有一位海军名将，就不会遭到如此的惨败了。"

"我们的海军是太不像话！"部下们都异口同声地责备海军。

拿破仑却说："是我不好。因为我从来没注意到海军，我们现在来为殉国的水兵祈祷吧！"拿破仑低头祷告，"既然如此，那干脆离开法国，征服东方吧！"不管遇到任何困难都不会退缩的拿破仑在埃及开始了他自力更生的计划。于是，他放弃了回国的愿望，想沿着陆路从叙利亚、美索不达米亚到达印度，然后在印度编组崇拜拿破仑的土著军，再回头征服欧洲。

拿破仑就是这样一位越是困难越会空想的英雄，只要有心去做，没有做不到的事。

1799年2月10日，拿破仑率领14000名士兵进攻叙利亚。因为他得到情报，获知叙利亚方面的土耳其军想趁机攻击孤立在埃及的法军。

那就先下手为强，拿破仑又发动他最拿手的如旋风般的攻击，进攻了叙利亚。于是，大军又开始了沙漠行军。通过沙漠时只要能够遇到水，全军就能恢复作战。

2月22日，法军击败土耳其军。24日，法军进入巴勒斯坦，攻陷加沙。3月4日，他们包围特拉维夫·雅法，一星期后占领该城。

他们终于远远看到了叙利亚肥沃的原野，绿色的树木。但是，在他们攻击特拉维夫·雅法之后，全军忽然感染上了流行性疫病，有七八千名士兵病倒了。

面对大自然可怕的威胁，拿破仑叹息着说："你们还要继续攻击阿卡，如果在这里倒下来，就前功尽弃了。我已经派人到阿卡去要求他们投降。"但是军使一直没回来。

"情况不妙！"当幕僚们正在怀疑时，探子来报，军使的尸体已经被发现。

"可恶！"士兵们站在被惨杀的尸体前，非常愤慨。

防守阿卡的士兵并不是土著，而是拥有英国武器的阿尔巴尼亚军。法军连续攻击了12次，阿卡的城墙丝毫未受损。连续围攻两个月后，斯密士率领的英国舰队来了，援助阿卡城，抵抗法军的攻击。如果被围困在阿卡，那形势必定很危险，拿破仑决定撤军，返回埃及。

被法军败退的3万土著兵，趁机追击法军，拿破仑沉着应战，终于击退了他们。"这样，他们就知道法军的厉害了。"拿破仑笑着命令全军撤退。

离开埃及，挽救法国

"连这么一个小小的城池都攻不下来，真是令人惭愧！一旦阿卡被攻陷，法军就能到达幼发拉底河，然后像怒涛般进攻印度，那么，历史就会改写。"在沙漠中撤退时，拿破仑心中一直这么想。

从阿卡返回开罗，要行军25天，拿破仑大军三度被困在沙漠，风暴的袭击，使得帐篷全被吹走，士兵眼睛睁不开，喉咙也因风沙而呼吸困难，这真是一次惨痛的撤退。一望无垠的沙漠，似乎永无尽头。马也不够伤兵骑坐，使整个欧洲闻之丧胆的拿破仑大炮，只能丢弃在沙漠中。炮车被沙漠里的风沙所埋没，年轻的英雄就这样悄悄撤退了。拿破仑最后下了马，徒步走在炙热的沙漠上。

一路上受毒虫及热病的侵袭，最终士兵们疲惫不堪地回到了开罗。

"拿破仑回来了。"

"情况有些不对。"开罗的百姓们私下议论。

拿破仑不得不贴出一张公告说：

"远征叙利亚全胜而归，现在的阿卡城已成一座空城。"

这时，土耳其军又继续攻向亚历山大港，只要把这场仗打赢了，埃及人民就会相信拿破仑的谎言。但是土耳其军队在海上有英国舰队支援，在陆地上有马美卢族人的协助。

拿破仑在埃及尼罗河附近和土耳其军遭遇。法军在开罗经过休息后，在这次战斗中发挥了强大的威力，打了一场漂亮仗。

17000 名土耳其军大败，跳入尼罗河中被淹死的有 6000 名左右，其余的全部被俘，无一人漏网。拿破仑三天三夜不眠不休想出来的妙计再度奏效，拿破仑的属下知道他抱有决死之心，他们紧握着拿破仑的手，大声称赞说："拿破仑将军，你真是世界上最伟大的名将！"

因为阿卡失败而失去信心的法军，这次胜利使他们勇气倍增。拿破仑军队仍然骁勇凶猛的消息传到了英国。虽然胜利了，但是和法国本土依然没有联络，拿破仑不知道法国方面的任何消息。

法国的情形怎么样了？士兵们都抱着焦灼的心情，盼望法国来信。国内或许吃了败仗，拿破仑也很不安，他决定在时机适当的时候和英国舰队签订停战和约。

英国舰队畏惧拿破仑的厉害，接受和谈。这时，拿破仑从英国舰队那儿得到一份法国报纸。好久没有看到法国报纸的拿破仑，一字不漏地把报纸看完了。

但这份报纸给了他很大打击，就像拿破仑所预料的那样，法国国内叛乱四起，莱茵军战败，拿破仑所占领的意大利又被敌人夺回去了。

"啊！意大利又被夺回去了！"拿破仑留下不朽功绩的意大利，又落入敌人手中。

"糟糕！再这样下去，法国会完蛋的。"拿破仑身边的将军也在抢看报纸。

"这样一来，我不但完不成远征东方的心愿，连埃及都无法离开了。"

"该怎么办呢？"将军们紧张的脸色苍白起来。

"根顿中将，我们还剩下几艘军舰？"拿破仑突然问道。

"在阿布基尔战败后，还剩下卡洛鲁号和米伦号两艘军舰。"

"好！"

拿破仑胸有成竹地说："各位！我想要离开埃及。"

将军们大感意外："将军怎么能一人离开呢？把曾经同生共死、忠勇的士兵们留在炎热的埃及，这样怎么对得起战死的士兵？士兵们知道了又会怎么想？"

"各位！把部下丢在沙漠里自己跑掉的拿破仑，人家会怎么说呢？可能会被说成逃亡，永远留下一个骂名。"

将军们都低下了头。

"但现在法国需要我，除了我，没人能够拯救法国，我如果还停留在这里，终有一天会和各位一起被埋在沙漠里。这样做，我没有背弃士兵，但却背弃了法国。"拿破仑以悲壮的语气说着。

"你们大家注意听着，我要带着 500 名士兵和幕僚们回法国去。"

　　"埃及由谁来负责防守呢？"

　　"由克莱贝尔将军负责，我挽救法国后，会立刻赶回来。"

　　就这样，拿破仑把全军的指挥权交给副将克莱贝尔。

　　8 月 23 日，拿破仑悄悄地由亚历山大港坐上战舰离开了埃及。

法兰西第一皇帝

掌握法国政权

"拿破仑回来了！"

1799 年拿破仑回到巴黎，这消息几乎传遍了欧洲。

"拿破仑回来就会有和平。"

"我们不想打仗了，战事频繁，希望拿破仑能赶快出兵结束战争。"

法国人民对拿破仑的期望非常高，从弗雷儒斯港到巴黎，群众夹道欢迎拿破仑，并朝着游行的行列投掷手帕、帽子和花束。拿破仑虽然受到了这样的欢迎，可他心里却很难过。

"在巴黎，有人可能不会这样欢迎我。"在那里有几个嫉妒他才干的政敌。

"远征埃及，拿破仑丢弃了军队，径自逃亡回来。"

"敌前逃亡的败将！"

怀恨拿破仑的人一定会这样攻击他，但是法国百姓欢迎拿破仑回来是毫无疑问的。自革命以来，法国国内仍然一片不安，政客们也不为国民着想，一味为自己争权夺利。物价上涨、苛捐杂税，国民生活得越来越苦。

"如果这就是革命的话，我们便不要革命了！"

无论是城市或乡下，乞丐和小偷越来越多，镇守边境的军队也越来越感到不安，政府根本没有力量改善动乱不安的社会。就在此时，拿破仑回来了。

即使是空洞的宣传，但在埃及的胜利确实给国民带来了希望。嫉妒拿破仑并且希望拿破仑失败的法国政府，表面上还是向人民宣传拿破仑战胜埃及，以维护政府的威望。

"万一处理不当，权力势将被拿破仑所夺。"执政官这样想，他们并不欢迎拿破仑归来。

"拿破仑太不像话了！把好几万军队留在埃及，自己逃回来。"

"将他送到军事法庭审判吧！"有人向政府控告拿破仑。在执政官中，谢斯等人特别讨厌拿破仑。

"那小子太骄傲，应将他视为逃亡的将军，枪毙他。"

他们这样煽动其他的执政官，可是要把国民信赖的拿破仑枪毙是不可能的，就是送交军事法庭也不可能。政府没能力这么做，拿破仑也确信如此，但是拿破仑也不能掉以轻心。拿破仑回到法国后，有人希望他代替当时无能的法国政府，实行个人独裁。拿破仑的弟弟路易首先这么想，这位 24 岁的青年，是个聪明激进的议员，在政坛上相当活跃。还有拿破仑的哥哥约瑟夫，他从罗马大使而成为巴黎议员，身负重要使命。

拿破仑的妻子约瑟芬知道他们的这种想法和她丈夫的想

法一致时，也运用她的社交手腕，与政界大人物来往，请他们支持拿破仑。

"将拿破仑枪毙！"不久前这样说的谢斯被约瑟芬说动了，终于站在了拿破仑这边，答应支持拿破仑。其他的外交家，如具有优异才干的达利南，以及警察署长、执政官巴勒等也都愿意支持拿破仑。

站在拿破仑这边的还有拿破仑的妹夫米勒将军，米勒是骑兵部队的指挥官，在必要的时候，他可以占领法国国会。除了拿破仑的部下，还有参谋长贝尔吉将军、步兵指挥官蓝奴将军和炮兵指挥官马尔蒙将军，还有同是出生在科西嘉的希巴斯吉尼将军兼龙骑兵指挥官，他们都负有革新的任务。

于是他们就开始秘密而谨慎地实施夺权计划。计划万一外泄，拿破仑便成了法国政府的敌人而立刻被逮捕，所以这件事绝对不能泄露，大家都有这样的心理准备。对拿破仑而言，这个计划并非完全出自他的意愿。因为对那些因法国革命而认为已获得自由、平等的国民而言，武力夺取政权，等于剥夺了人民的自由、平等。为此拿破仑感到无限烦恼，如果他不理会这件事，敌对的政治家便会煽动国民，将拿破仑送到军事法庭也说不定。

在他下决心的前夕，拿破仑和达利南在拿破仑的寓所召开了秘密会议。这时，在一片黑暗沉静中，一批人马来到拿破仑的宅邸前。难道计划泄露了？拿破仑从椅子上站起，他的脸此时像白纸一样的苍白。此时达利南也一样紧张得脸色苍白，但是，不一会儿这声音就消失了，没有发生什么事。

拿破仑苦笑："我为什么会这么紧张？"

"历经多次战乱，从没紧张过的拿破仑将军，现在居然这样紧张，实在是很意外！"达利南以开玩笑的口吻说。

"我真正害怕的不是敌人，也不是想要我命的人，我害怕法国国民不了解我，万一我走错了一步，可能会辜负国民的信赖而成为一个罪人。"

"不错！"达利南很了解拿破仑的苦衷。

第二天，也就是1799年11月9日，拿破仑和在意大利远征并肩作战的将士，开始付诸行动，发动了"雾月政变"。

他先到元老院，要求把议会迁到巴黎郊外的圣克卢，他想拥有巴黎内外军队的指挥权，这是个很特别的请求，元老院相信拿破仑所说的话，也就答应了。

"这样就好！"拿破仑为了说服议员，便亲临正在召开议会的圣克卢宫殿。这时士兵、民众都支持拿破仑，五位执政官中的谢斯和吉哥也支持拿破仑，宫殿已被拿破仑所率领的龙骑兵包围。

会场中，议员们都在为政权会被拿破仑夺走而感到愤慨，并说："拿破仑这强盗！"

"由法国国民所决定的政府，现在要被拿破仑用武力抢夺了，这是非常可怕的计划！"

"逮捕他！"

"把他送上断头台。"

大家你一言我一语地批评拿破仑。

"夺取政权还是当叛乱者受死刑呢？"走在宫殿石阶上的拿破仑，额头冒着冷汗。

"拿破仑来了！"

议员们顿时静了下来，接着发出一阵欢呼声。出现在议场门口的拿破仑，挺着胸，瞪着拥过来的议员们。

"打死他！"随着这怒号，无数的拳头向他挥来。

拿破仑毫不反抗地接受议员的拳打脚踢，并在人群中倒了下去。如果在这里用武力的话，自己将会被认为是法国人民的公敌，议会中有许多法国民众在旁听，看到这种情形，女性听众们都大声尖叫着："将军危险了！"

"赶快救救将军吧！"

这时一部分龙骑兵为了救拿破仑而进入议场，和那些还在拳打昏倒在地的拿破仑的议员展开了搏斗。被龙骑兵所救的拿破仑，已经不是刚进来时的样子，他面目全非，打开宫殿的窗户，露出全身斑斑血迹，大叫着："战斗准备。"他大声下命令。

士兵们看到如此壮烈的场面都很兴奋。

"打倒英国走狗。"

"为了拿破仑将军，把那些卑鄙的议员全杀掉。"

所有的龙骑兵和各连队的士兵带着枪从议会门口进来了。

"我们要把你们这些议员杀掉。"在枪杆面前被镇压的议员没办法了，都向后退，有的甚至从窗户跳了出去。

"你们这些混蛋，我们要来消灭你们。"

"如果还想要命，就投降吧！"

士兵们追赶着到处逃窜的议员，让他们尝到一点苦头。

1799 年 11 月，议会选出了 3 位执政以代替原来各区的执政官，拿破仑被选为第一执政。这 3 人是拿破仑、谢斯和吉哥。

年仅 30 岁的拿破仑，终于掌握了法国的政权。

被民众拥戴

拿破仑掌握政权后，原本混乱的法国趋于平静，所有的骚动都停止了。革命后的争执、死刑及暗杀等事件也不再发生。

拿破仑每次在会议席上都先聆听各部长的意见，然后再发表他自己的意见，他就是采取这种方式来执政的。会议经常开到半夜两三点，有的内阁因过度疲劳都打瞌睡了。此时拿破仑会说："醒醒吧！我们应该不眠不休地为国民谋福利才对呀！"

拿破仑是个精力非常旺盛的人，他就是以这种方式来开创新局面的。有名的《拿破仑法典》就是这时完成的。这部法典是后来法国法律的重要经典，并且也是现在《民法》的基础。

拿破仑无论什么事都记得很清楚，例如地方官向他报告北方海岸的警备状况时，拿破仑便不假思索地说："那边好像还缺两门大炮。"这往往让司令官惊讶不已。

拿破仑任命警察部长担任警察署长，达利南任外交部长，使得他们都能发挥所长。拿破仑知人善用，像马尔蒙等人从一个小兵被提拔为一位很有才能的将军。拿破仑尽量发掘人才，任用人才。

拿破仑画像

自从拿破仑设立银行后，银行信誉倍增，法国人民都自动去银行存款，法国币值从此逐渐稳定下来。全国普遍设立税捐处，使得原本混乱的税捐得以统一。

按月支付士兵薪水，使第一次领到薪水的士兵们都高兴地大喊："拿破仑万岁！"

修复年久失修的桥梁，开辟新的马路，设立图书馆和各种性质的纪念馆，使得法国人民的生活有了崭新的希望。教会的窗户打开了，教堂的钟声敲响了，和平降临在法国的土地上。

"拿破仑没有辜负我们！"

"我们来祝福拿破仑健康！"

到处都是法国国民为他举杯祝福的声音，拿破仑看到政治的成功，也感到无限高兴。

"正如我承诺的，我给了国民和平。也许我从国民那儿夺取了权力，但我也给予了他们和平，所以我感到很满足。"不过对于法国的和平，拿破仑还不放心，他想要再度奔赴战场。

对奥作战

法国边境还在继续作战，战争不结束的话，真正的和平是不会来临的。现在的和平只是暂时性的。意大利北部、法国的边境地带，奥地利军队不断骚扰，法国军队为应战而疲惫不堪。因革命而成功的拿破仑政府，想要让奥地利知道法国政府的厉害。

"我要彻底把奥地利军消灭！"拿破仑这样想。

让他们尝尝法国的厉害，这样一来，不仅奥地利，连普鲁士都不敢再轻举妄动了。但是怎么才能胜奥地利军呢？那就要出其不意。

"对！越过阿尔卑斯山，冲向伦巴底，攻击奥地利军于不备。"拿破仑很快做出了决定。

1800 年 5 月 7 日，由摩罗将军率领的 15 万军队进军到莱茵，而拿破仑亲自率领 4 万预备军越过阿尔卑斯山。法军的士兵都说："我们怎么可能越过这山脉？"

拿破仑一直默默走在队伍最前面，开始在雪地进军，全军分 4 路前进。其实，路并非真正的路，所有的路都结冰了，稍不小心就会滑落山谷，猛烈的风雪模糊了全军的视线。士兵踏出第一步时就站不稳，踏出第二步便跌倒，他们咬牙忍痛爬起再走。为了减轻负担，士兵们把大炮拆开了，一步步移动它。

每当走到危险的地方，拿破仑就会举手说："大家小心！"此刻的军乐队便会吹奏进行曲来鼓舞士气。当军队抵达圣伯纳的山岭时，一位修道院的修道士见到他们的到来极为惊讶，但是最感惊讶的应该是奥地利军。

当法军征服了阿尔卑斯山险峻的山路，抵达伦巴底平原时，奥地利军还以为在做梦呢！他们绝想不到法军会越过阿尔卑斯山，从背后攻击他们。法军立刻攻下了米兰和蒙特贝尔，进入了马连戈。

奥地利军的司令官梅拉斯将军一听拿破仑来了，便呆了，原以为拿破仑还在巴黎，没想到他已经出现在眼前了。但梅拉斯不是简单的人物，拿破仑的军队人数不多，他打算把全奥地利军都集中起来，在马连戈平原与法军决一死战。

6月14日黎明，奥地利军队像黑云般集中在马连戈平原，法军严阵以待。历史上著名的激战展开了。

大炮数量有法国军队6倍多的奥地利军，一开始就占了优势，他们一步步近逼法国军队。法军的中央被敌人突破而开始撤退。拿破仑命令800名禁卫队冲到前线去，禁卫队疾风般骑着马，拿着长枪冲向奥地利军。

"禁卫队！看你们的了，好好干！"拿破仑站在丘陵上，对禁卫队的出战抱有很大期望。但是禁卫队却很快被怒涛一般的奥地利军的波浪所吞没。

"完了！一切都完了！我短暂的王国大概要这样结束了，政府不要我了，国民也不要我了，世界也不要我了！"

"逃亡将军！"大家都在骂他，拿破仑脑海里浮现着这种情景。从法国第一执政再度沦落成逃亡将军，这怎么能行？看来我难免一死了！拿破仑坐在草地上，咬着青草。正在这时，后方来了得西将军所率领的 6000 援军。转瞬间，情势改观了。

"哦！得西将军！"

拿破仑看到援军，发出了欢呼声，赶快重整队伍。

"得西将军！现在是下午 3 点，太阳快下山了，我们和他们决一死战吧！"拿破仑一边挥手，一边说。前头的得西将军也笑着说："好好地拼！"

拿破仑听到他这么说，立刻转身向敌军冲去。

"冲！法国的精兵跟着拿破仑冲吧！"原本消沉的官兵，看到拿破仑勇敢地冲锋时，便觉得将会有奇迹出现。

"冲！不要让拿破仑被杀！"

"保护我们的小伍长！"

得西将军率领 6000 人的军队，在炮兵掩护下，像暴风般冲向奥地利军。梅拉斯将军原以为胜局已定，正在高兴，没想到法军又鼓足士气回来作战。此外，刚才分散四处的法军也都回来加入援军行列，人数增加了许多。奥地利军已经抵挡不住了，拼命攻击的法军越战越勇。但不幸的是，在敌军的炮火攻击下，有一枚炮弹穿过前锋打到得西将军的胸膛，得西从马上摔下来了。

"得西！"拿破仑悲痛地大叫。

无数的马匹在敌人的尸体上疯狂地冲撞着，奥地利军已经丧失了刚才的气势，他们立即撤退。

"我们要替得西报仇！"阿拉曼所率领的骑兵队继续追击撤退的奥地利军队，一直追到马连戈平原，在那里把他们全都歼灭。法军胜利了，梅拉斯将军只好忍痛放弃了马连戈。此刻，胜利者拿破仑单独一人在黄昏的旷野中徘徊。他找不到得西将军的尸体。

拿破仑在黄昏的旷野中从马上下来，跪在草地上，为得西祈祷。他那在作战时连鬼都会害怕的脸孔，此时因为哀悼战友而满面哀凄。

马连戈战役胜利的消息，很快就传到了法国，拿破仑的声望也因此而高涨。

"拿破仑是法国的救星！"

万岁的呼声几乎惊动天地，蒂伊勒里宫殿此刻已挤满了欢迎拿破仑凯旋的民众。拿破仑从马车里看到狂热的群众，他心里产生了征服全世界的野心：我什么事都能做，没有任何一件事能难倒我，我的字典里没有"办不到"。

但当时的法国国民想要过和平的日子，人们对战争和革命感到厌烦，就希望过和平的日子。后来法国和在马连戈战役中被打败的奥地利签订和约，又和普鲁士、巴伐利亚及俄罗斯、那不勒斯、西班牙、葡萄牙签和约，最后又和英国签和约。

在和英国签和约前，拿破仑花了很多苦心，因为对英国而言，拿破仑是令他们无法释怀的人。有着强大海军的英国，可以横行于世界的大海上。

"要是法国的海军也强大就好了！"拿破仑望着海洋兴叹。

远征炎热的埃及是为了征服英国，那些留在埃及的法国军队，在克莱贝尔将军的领导之下，团结一致地奋战。拿破仑在马连戈作战的时候，克莱贝尔被阿拉伯人暗杀，埃及又被英国夺走。因此，对拿破仑来说，这件事更加深了他对英国的仇恨。

害怕拿破仑所率领的强大法军的国家认为，如果不和法国签和约，一定会吃亏，随时都会受到拿破仑可怕的攻击。现在，除了英国，没有国家能威胁到法国了。

1802 年 3 月法国和英国签订了和约，表面上法、英和好了。

猖獗的暗杀行动

第一执政拿破仑的事迹都很辉煌，国民希望拿破仑永远做他们的执政，甚至于把拿破仑视为法国的皇帝。

这时路易十六的弟弟想和拿破仑商量恢复波旁王朝时的王位。所以他写信给拿破仑：

　　　　我就是曾经为革命牺牲的路易十六的弟弟，拿破
　　仑将军，是你重建了革命后的混乱法国，我一刻都没
　　有忘记你的功绩。我希望能再度恢复正统的王位。我
　　相信你是法国新王朝独一无二的功臣，波旁王朝永远
　　会记得你的功劳。

　　拿破仑看过信后，没有理会，法国人民既然废掉了不受欢迎的王位，那么恢复王朝是不可能的，否则当初何必发动革命呢？那革命不是失去意义了吗！

　　路易十六的弟弟一再写信要求，拿破仑心里有所动摇，但他不能违反人民的意志，于是拿破仑跟秘书布宁恩说：

　　"真伤脑筋！布宁恩！如果是其他的事情就好办了，可是这件事，我一个人似乎无法解决。"

　　"是的！"

　　"你赞成哪一边呢？"

　　布宁恩稍微想了一下说："我认为恢复波旁王朝比较好，只要你活着，法国便会更加繁荣，而傲视于世界。你如果有个万一，法国将要怎么办？"

　　"如果我死了，法国可能会发生内乱。"

　　"所以，为了预防这种事情的发生，就需要波旁王朝的

存在，而且能够代替你的也只有以前的波旁王朝。"

但拿破仑并不赞同布宁恩的看法，"不，布宁恩！这件事牵涉太广，很困难。如果恢复波旁王朝，那以前主张处死路易十六和曾经参加革命的人该怎么办？同时，波旁王朝可能会破坏人民所建立的制度，谁敢保证波旁王朝不会再施行独裁政治呢？"

"……"布宁恩无言以对。

拿破仑拿定主意后，写信拒绝了路易十六的弟弟：

我所敬爱的路易十六世的弟弟：

    你的来信我已拜读，但我不同意你的想法，你不必再回法国。我希望你们波旁王室能够祝福人民所建立的新政府，而我期望你们能够平静地过日子。

                                    拿破仑

收到这封信，波旁王室感到失望和愤怒，拿破仑对波旁王室的态度和表现就像他自己是法国的新国王一样。这时，拿破仑心里想到为了法国的和平，也许自己应该当皇帝。当拿破仑的政敌开始准备反对他时，他才认真地去想这件事。

有一次，他坐着马车去圣尼凯斯街的途中，突然，马车轰的一声爆炸了，原来马车被人装了定时炸弹。拿破仑和约瑟芬夫人、继女欧甸吉差一点被炸死。幸运的是他们躲过了这场灾难。后来拿破仑又换了一辆马车继续前行，最终拿破仑泰然自若地来到剧场。剧场的观众都起立鼓掌欢迎，拿破仑微笑着挥手致意，然后从容地坐下，他对部下说："把节目表拿来！"拿破仑泰然而沉着，丝毫看不出刚才差一点被炸死。

阴谋还在接连发生，有人想要狙击拿破仑；还有一帮人也在找机会向拿破仑丢炸弹。这些人都是保皇派和雅各宾派的残余分子，他们想推翻拿破仑。

1802年，在拿破仑就任终身执政后，暗杀团越来越焦急，想要立刻除掉拿破仑的阴谋越来越多，规模最大的是在巴黎逮捕的暗杀团，人数多达40人，这些人都是英国派来的，其中也有保皇党的比西格里及摩罗将军等人。这消息很快就传到了法国人民的耳朵，大家议论纷纷：

"真想不到，一直被认为是拿破仑将军的得力助手的摩罗竟然会这么做！这样的话，陆军部长、警察署长以及出任内政部长的路易都很可疑了，也许他们都是拿破仑的敌人。"

实际上，也正如巴黎市民所说，想要暗杀拿破仑的人有60名之多。

皇帝万岁

警察署长把暗杀团的数目报告给拿破仑时，拿破仑感到很惊讶："将军，这是个非常可怕的数目啊！"

"我如果被杀死了，你以为法国将会怎样呢？那时，法国人民流血所建立起来的革命政府立刻就会垮台。作为一个人，我不愿像一条狗或一只猫那样随便被人杀死，我该怎么做？"看到拿破仑愤怒的表情，警察署长心中暗喜。但拿破仑很快就察觉到了，警察署长也是个可怕又阴险的人。

"好吧！你就尽量去侦察想要暗杀我的人吧。"

"是！遵命！"

警察署长慢吞吞地走出了房间，像他这样难以捉摸的阴险人物，拿破仑也有些畏惧，但此刻对警察机构熟悉的部长却成了他唯一可以依靠的人。

根据拿破仑的命令，警察署长逮捕了很多残余的雅各宾派分子，又勒令61家反对拿破仑的报社停刊。为了保护自己，拿破仑不得不这么做，接连发生的事情使得拿破仑下决心逮捕反对党。

过去一直帮助拿破仑的兄弟们，现在也都出来反对他。身为内政部长的拿破仑的弟弟路易，不再听从拿破仑的话，变成了野心家。拿破仑的大哥、驻罗马大使约瑟夫，经常参与反对拿破仑的行列。诗人路易、海军军官热罗姆及拿破仑的妹妹卡罗利娜，还有波利娜等都对拿破仑不满。

约瑟芬夫人也恳求拿破仑："求求你，不要想着当皇帝了，当皇帝会被杀死的！"但拿破仑的意志依然不动，大多数的法国人民都希望拿破仑能够当皇帝。

1804 年 5 月，元老院的代表提议让拿破仑当皇帝。此刻当皇帝，拿破仑就等于背叛了革命，但是他认为这样做是为了法国的利益，这是法国国民所期望的。

对拿破仑就任皇帝这件事，元老院及护民院内很少有人

拿破仑册封约瑟芬为皇后

反对，5月的天气很晴朗。经国民投票，拿破仑终于被推为皇帝。

"皇帝万岁！"欢呼声由元老院发起，慢慢地传遍了全国。

就任皇帝的仪式在巴黎圣母院举行，这一天，街上群众的欢呼声络绎不绝。那万里晴空中轰响的炮声和那聚集在广场上欢呼的群众，没有让拿破仑感到喜悦，反而让他的心情更沉重。加冕典礼中，拿破仑闷闷不乐，低头在沉思。

拿破仑穿着似乎并不适合自己的绣着金黄色的蜜蜂飞舞图样的袍子，外交部长达利南成为侍卫长，还有与拿破仑共同作战的将军们，现在摇身一变，脱掉了从前的破烂军服，换上鲜艳的礼服，穿上带有金黄色马刺的马靴，在宫廷里走来走去。这些将军中，有的曾经是面包店老板，有的以前开过小吃店，他们穿着礼服的模样，比拿破仑的穿着更不相称。这些在战场上所向无敌的豪杰们，对出入宫廷的一些礼仪规矩，都感到疲乏厌倦。

所向披靡

拿破仑就任法国皇帝的消息，使得其他国家大感震惊。

"我们对拿破仑不可掉以轻心！"

对法国革命感到不满的国家都提高警觉，开始向法国施加压力。

尤其是英国，经常派暗杀团谋杀拿破仑，让拿破仑怒不可遏。

"英国是我终身的敌人！"每当拿破仑看地图时，总是会这么说。

他和将军们秘密计划讨伐英国。

"只有打败英国，整个欧洲才会向法国投降，但是唯一的阻碍就是海。"

无论是对英的战役、埃及的攻略及叙利亚的远征，英国总是从拿破仑的背后或从海上来攻击拿破仑。在海上，他们常吃英国的亏。

"陛下！英国的确是很危险的敌人，但是接受英国财政援助的奥地利也不可轻视，在法国边境的奥地利军经常发生骚乱。"米勒将军对拿破仑进言。

"危险的敌人并不只是英国和奥地利，连俄国也是。"

此时，将军们都很伤脑筋。

"不！目前的敌人是英国。要想打败英国，只有一个方法，那就是控制多佛尔海峡，因此我想和西班牙合作，共同攻打英国海军。"

海上作战专家根敦将军说："登陆作战只要6小时就够了，如果我们陆军很强而能够在海上和英军作战6小时的话……"

"对！我早在两年前就在想这计划了。首先要在全国征召所有船只，然后组织一个有小船和大战舰，一共2300多艘船的舰队。船上载有 16 万精兵,1 万匹马及 600 多门大炮。如果能够平安渡过多佛尔海峡,英国的陆军将会被打得落花流水。”

所有的将军听了拿破仑的计划,都默不作答。一旦失败了,这么多的远征军将会全部葬身海底。

“好!立刻实行这计划!”

既然决心要实行的话,拿破仑便进行得很快。不管将军们反对或有何意见,拿破仑一旦决定了的事是绝对改变不了的。

拿破仑为了建立一个新的阵营,便开始在紧邻多佛尔海峡的曼休海岸上的布伦进行陆上、水上工程及建造防波堤、碉堡等,这就是拿破仑的大本营。为了一举打败英国,拿破仑日夜不停地赶工。但是,当他们正在进行这个计划的时候,奥地利军突然在法国东部边境上集中兵力。同时,引诱英国舰队离开多佛尔海峡的维尼布将军率领的法国舰队失败了,一直都没有他们的消息来。

奥地利的战阵越来越密集了。知道此刻不容许丝毫犹豫的拿破仑,立刻放弃了布伦的大本营,集结军队和奥地利军应战。这 18 万大军就像变魔术似的从布伦大本营退下,转瞬间出现在奥地利军眼前的多瑙河畔。

多么令人惊讶的速度啊!这个时候的法国军队,好像个个都是拿破仑一样,快捷骁勇。从莱茵河到多瑙河,正在集中兵力的奥地利军发现他们时,已被拿破仑军包围了。

"糟糕！被包围了！"

这时，率领奥地利军的马克元帅已经措手不及了。不到3个星期就被逼迫到乌尔木草原的8万奥地利军，此时好像是被蛇所追击的青蛙一样，只好乖乖投降了。

"已经打败了奥地利，下面的目标就是俄国了。"

在奥地利军背后伺机进击的俄军还没有开始行动前，拿破仑就先予攻击。拿破仑现在面对的敌人就是从来没和法军交战过的俄军。士兵们在刺刀上绑着稻草及树枝，点起了火，以壮气势。6万把火炬将法国的阵营照得明亮耀眼。他们希望借此等待俄军前来，而一举将俄军歼灭。

"听说俄军相当厉害！"

"听说像鬼一样厉害。"

"不要怕！我们有拿破仑，我们也同样要让俄军知道我们的厉害。"

士兵们的士气非常高昂。

士兵看到正在阵营巡视的拿破仑，都异口同声地说：

"陛下，我们一定会打胜仗！"

"为什么？"拿破仑问。

"因为今晚是皇帝您即位一周年的纪念日，今天是一个应该庆贺的喜日，所以不会输的。"

"哦！是吗？"

经过士兵这么一说，拿破仑才知道从1804年12月1日加冕到今天，已经整整一年了。

就在 12 月 3 日，战斗开始。

俄军和奥地利军的主力，从华沙朝着维也纳，像怒涛般涌过来。在维也纳郊外的奥斯特立茨，太阳升起来了。斯尔特元帅和伯拿特元帅所率领的军团，在浓雾的笼罩下等待着俄军。当俄军和奥地利军抵达布拉兹恩高地时，遭到了法军的攻击。米勒将军率领的骑兵队一直向前冲，把俄军逼到奥斯特立茨。到处都有冬天的雾在帮着拿破仑军队，拿破仑的军队忽隐忽现，像是会隐身似的。对战争已感到厌烦的奥地利皇帝，就在奥斯特立茨要求和拿破仑见面。于是在草原上的一家水车小屋里面，两人握手言和。

战争是胜利了，但是法国政府的财政却越来越困难。虽然军队打胜仗，但是国内经济一片混乱，银行一家家关门，货币贬值。

1806 年，一向不知是站在法国一方或奥地利一方的普鲁士突然向法国宣战。普鲁士军队是比奥地利军更善战的精兵，但是拿破仑终于在何乌滋特立打败了普鲁士。自从腓特烈大帝以来，连欧洲最负盛名的普鲁士军也不是拿破仑的对手。法军经过威玛进入首都柏林。

在后方的法国国民生活越来越痛苦，而拿破仑却到处打胜仗，得到常胜将军的荣誉。拿破仑的心里有把整个欧洲建立为一个国家的理想。拿破仑身为法国皇帝，同时也是意大利国王，西班牙也臣服于他。此外，拿破仑也想让他的弟弟路易当荷兰国王。

奥地利和普鲁士投降以后，只有英国是法国无法征服的敌人。英国国民口里叼着烟斗，轻视法国军民。

与俄签订和平条约

在陆上虽然一直打胜仗的拿破仑军队，在海上却一再地被打败。

由维尼布将军所率领的法国、西班牙联合舰队就在特拉法加海上被纳尔逊将军率领的英舰队消灭了。纳尔逊在旗舰"胜利"号上发出了战斗信号。那是希望英国水兵完成自己的义务的战斗信号。虽然纳尔逊在这次的战斗中阵亡，但是胜利是属于英国的。

对法国而言，10月21日的特拉法加的海战是个不吉利的日子。

英国为奥地利和俄国在奥斯特立茨被打败的事感到意外。英国想联合俄国、瑞典和奥地利攻打法国的计划失败了。英国首相威廉愤怒地指着墙上的地图说："把地图取下，10年以内不要看地图。"但拿破仑并不因此感到满足。

拿破仑进入柏林时，在夏洛特堡宫殿发布大陆封锁令。时当1806年11月，全欧洲各国不得与英国交往，违反此命令的国家，无论任何理由都要接受惩罚，凡是遇到英国船只时，船上的任何货物都可以抢，英国的货物不得进口。

想把欧洲大陆和英国分开，孤立英国，这就是拿破仑的政策。但是，以为这种作法扼制英国，却是错误的估计，吃亏的反而是其他国家。

英国的商船在嘲笑封锁令。

"只有拿破仑才做得出这种事来，他以为封锁大陆倒霉的是英国，其实倒像是英国在封锁大陆。"

"等着瞧！拿破仑你将会受不了！"

"哈哈哈！太好了！"

英国商船到欧洲以外的殖民地去做生意，并没有遇到什么困难。英国的国旗飘扬在西班牙海岸，又飘扬在地中海、印度及近东、美洲大陆等地，飘扬在全世界各地的海洋上。

普鲁士及瑞典即使很想买英国的商品，却因拿破仑法令森严而不敢买。汉堡的贫民违反了禁令，向英国商船买砂糖，差一点被枪毙。拿破仑的声望因此而日渐下降。

"拿破仑到底是在干什么？"不满的声音到处可以听见。

拿破仑不顾别人对他的不满，又再度下令攻击波兰，在奥斯特立茨战败的俄国皇帝亚历山大一世想和拿破仑决战。

俄军像一只野熊般来势汹汹。两军就在大风雪中视线不明的平原上交兵。可怕的冬天，寒风刺骨，法军忍受不了以致发狂自杀的也有。

俄国平原太大了，走了好几天还是一望无际的雪地。如同埃及沙漠一般。但是拿破仑一点都不气馁、畏缩，他还是默默地在最前面行军。

这个时候，拿破仑胃部剧痛，但是他强忍剧痛，没有让部下知道。

2月8日法军和俄军相遇了。

北极熊发挥了可怕的威力。在奥斯特立茨没有发挥威力的俄军，在艾罗瓦时却全力进攻。遭到猛烈的攻击，奥吉罗军团几乎全军覆没。最糟糕的就是在作战时遇到强大的风雪，使法军陷入困境。

"俄军到底在哪里？"

"刚才以为是敌人的人，其实都是我方军队。"

"糟了！自己打自己。"

法国军队一片混乱，甚至自相残杀。因误遭自己的炮火攻击而倒下的法军不计其数。

但是俄军留下了3万尸体撤退了。拿破仑并不认为这是打了一场胜仗。

"好可怕的战争！"

真是一个不可思议的战斗！此时打胜仗的拿破仑军队没有唱凯歌，便从战场中撤退了。

法军根本不像是一个胜利者。在饥寒交迫之下，和俄军打仗那算是次要的事了。当雪融化之后，又再度在不利多兰跟俄军交战，法军胜利。

亚历山大一世要求停战。拿破仑在尼曼河畔布阵，和亚历山大一世见面。

7月25日是很炎热的一天。自雪地战争以来已经半年了，拿破仑希望从此以后不再进入俄国。

尼曼河的沙洲热得发出水蒸气，拿破仑皇帝和亚历山大皇帝在浮船上会面。右岸的松林中，俄军紧张地守护着。左岸的法军注视着拿破仑所乘的小舟泛向亚历山大的竹筏。两位皇帝在竹筏上寒暄握手。

"陛下，我也和你一样对英国没有好感。"直率的亚历山大皇帝露出微笑。

"谢谢陛下，你的心意我很感激！"

看到两位皇帝的会面握手，在两岸的俄军和法军就像好朋友一样，他们挥着军帽发出了欢呼的声音。

亚历山大皇帝比想象中还要年轻，看起来好像很浪漫，个性也好像很温和。他就如小熊般的天真无邪，很有吸引力。拿破仑一遇见他，就喜欢上他了。但是拿破仑心想："还是不能大意。"

1807 年 7 月 9 日，法国和俄国签订和平条约。就这样拿破仑建立了一个欧洲大帝国。

这个时期，也正是拿破仑的全盛时期。

走向衰败

局势混乱

拿破仑无法安心做皇帝。恨拿破仑，想暗杀拿破仑的人日益增加，连警察署长也在伺机推翻他。

"我不是法国人，我是科西嘉人。但如果我被杀了，那法国及整个欧洲就会再度陷入混乱，我不能死。"拿破仑一再这样对自己说，他要让大家知道他是为了法国，也为了欧洲大陆，所以他想要建立永远的和平。

"拿破仑做得不对！"

"他的政治跟革命前的波旁王朝是一样的。"开始有人批评、责骂拿破仑了。

1808 年，西班牙政治十分混乱，拿破仑便趁机灭了西班牙王室，让他哥哥约瑟夫去治理，但是他以武力平定西班牙的行为受到很多国家的反对。

"拿破仑想独占西班牙。"

"拿破仑很精明，为什么要和热情的西班牙打仗呢？"

一些想要打倒拿破仑的有野心的学者和将军，公然怒骂拿破仑欺压西班牙。如果拿破仑不是科西嘉人，而是法国人，也许那些人就不会这么反感他。表面上很尊重拿破仑背地里却希望拿破仑失败的警察署长及达利南，都在暗暗自喜："拿破仑快要下台了！"

西班牙到处爆发了反法的怒吼，有的西班牙人看到街上有酗酒的法兵，就将他们扑杀。西班牙各地还成立了游击队，他们在山里和草原隐藏，一到晚上就突击法军的营地。

哥哥约瑟夫是被拿破仑安排就任西班牙国王的，当他看到神出鬼没的游击队和西班牙人冰冷的眼神时，开始害怕了。"拿破仑，我都不知道敌人在哪里，四方都是敌人，我真受不了！"约瑟夫哀叹着。为了救约瑟夫而派遣的勇敢的吉邦将军也被游击队包围而投降了，西班牙就像是泥沼一样困扰着法军。

"法军在西班牙被打败了！"

"太好了！太好了！"

"拿破仑军队已经失去魔力了！"

拿破仑所控制的其他国家也开始意志动摇，到处散播谣言。拿破仑尤其不满罗马教廷的势力太大，他恨罗马教廷身为僧侣却干涉政治，于是拿破仑就把罗马教廷的领地收为意大利领土，这样一来，反对的怒潮更加汹涌了。

这时英国援军在西班牙登陆，在西班牙事件尚未解决时，奥地利军又集结于法国边境。在国内的警察署长和达利南行动非常可疑。他们二人对拿破仑而言，就像是两条毒蛇，这两条毒蛇在拿破仑的面前很驯服，表现得毕恭毕敬，很有礼貌。现在，拿破仑既要外御西班牙，又要内防反对他的敌人。

1809 年，拿破仑在埃斯林与奥地利军作战，形势均很不利。跟随拿破仑多年的蓝奴将军就在这场埃斯林战役中战死。但是在瓦格拉姆的战役中，法军又恢复了士气，一个月后便攻到维也纳城下。

此时，维也纳城中的公主因为生病，和父亲奥地利皇帝都没能逃出维也纳，本打算和女儿一起死的皇帝吞下眼泪和公主一起向拿破仑投降了。这位公主就是玛丽·路易丝，后来成为拿破仑的第二任皇后。

当时攻下维也纳，不光因为玛丽·路易丝长得很漂亮，她是欧洲名门之后，这一点也深深地吸引拿破仑。拿破仑与妻子约瑟芬没有生育儿女，他想要传宗接代，而且此时能和有正统王室血统的少女成亲，正合拿破仑的皇帝身份。后来他便和约瑟芬离婚，与玛丽举行了盛大的婚礼。

拿破仑以为和路易丝结婚后，自己的子嗣就会有波旁王朝血统，这样的话，大家就不会再把他视为科西嘉人而忌恨他。第二年，玛丽生了个可爱的男孩，拿破仑便决定将来让他继承帝位。

整个巴黎都在为这件喜事庆贺，到处响着祝贺的炮声，拿破仑自言自语地说："我的儿子将来一定会成为法国皇帝。"他封这个孩子为罗马王。

"我现在处于人生中的最顶峰时候，但我并不因此而感到骄傲。"拿破仑对谁都这么愉快地说。这时的他将近 40 岁，自土伦战役后一直困扰他的皮肤病完全好了，他发福了，身体变得结实健康了，他不再是从前那个过于瘦削，看起来没有活力的青年拿破仑了。

他和玛丽相处得很好，可奥地利人对这桩婚姻并没有像拿破仑想象的那样具有好感。奥地利的将军们对这件婚事的感觉是玛丽被当做贡物献给了拿破仑。

他们心里这样想："拿破仑算什么，平民出身的就是平民出身的！"大家都在心里这样轻视他，但在宫廷中，谁都害怕他，连以前的战友，也都不敢亲近他。这种不愉快的气氛充满了夏洛特堡宫殿的每个角落，所以经常感到孤独的拿破仑皇帝总是双眉深锁。

"现在的我难道已经站在了命运的最高处？以后会走下坡路吗？也许我将会由极高点摔下来。难道在我完成一个大理想时，就会受到这样的忌恨吗？"他常常在半夜想到这种情形时就冒冷汗。

拿破仑的弟弟热罗姆，年轻，不会处理政务，天天过着奢侈的生活，用钱像用水，无论拿破仑如何骂他，他都是一笑置之。

弟弟路易也和拿破仑作对，擅自离开荷兰国王的位置。拿破仑身边看起来很热闹，但到处都是他的敌人，连他的兄弟们都不例外。母亲莱蒂齐娅对拿破仑的成功本来很高兴，但自从拿破仑当了第一执政官后，她每当听到有人赞美她的儿子了不起时，就会想："这幸福是否会永远维持下去？"她的高兴中隐含一份不安，后来，拿破仑的野心一再增长，莱蒂齐娅对拿破仑日渐增长的野心发出叹息声。

母亲住在科西嘉拿破仑为她建造的豪华别墅里，尽管拿破仑每年都寄很多钱给她，但她仍然过着很节俭的生活。她不习惯过奢侈的生活，把钱都积存下来，希望将来能对拿破仑有所帮助。

喜欢巴黎奢侈生活的拿破仑暗自埋怨母亲太穷酸，而一直没有忘记科西嘉痛苦的母亲，根本不相信眼前的好运。白发苍苍、身体肥胖的莱蒂齐娅说："如果你有了困难，随时可以回来找我，虽然我年纪大了，但还是可以帮助你的。"她经常以这般仁慈的口吻安慰着拿破仑。

母亲忧虑的事终于来临了，拿破仑的全盛时代已过去。

再征俄国

大陆封锁令在 1810 年的秋天发挥了威力。"这样一来，英国就遭殃了！"拿破仑一直等待着英国的崩溃。和欧洲大陆各国的贸易中断后，英国感到很痛苦，在伦敦就有好多商店倒闭，一个月内倒闭了 250 余家。

"继续努力吧！"正如拿破仑想的：要扼杀英国，一定要封锁北方的英吉利海峡，因为英国就是走这条线路把商品运到欧洲大陆来的。但和英国停止贸易，最先受害的却是拿破仑所治理的国家，他们受害的程度比英国还大。例如连咖啡、茶、砂糖、铁器及毛织物、染料等不可或缺的日用品都买不到。此外，即使对走私加以严重惩罚，也无法使它绝迹。欧洲各国已经开始对此事怨声载道了。

"除非把拿破仑打倒，否则我们便无法生存。"普鲁士和俄国都在找机会发动叛乱，拿破仑写信给俄国的亚历山大一世：

　　英国已发生了危机，只要再坚持一下，他们很快

　　就会支持不住，所以这需要你的帮助，只要陛下和法

　　国合作，英国一定会答应签订和约的。

亚历山大一世并没有答应拿破仑，他说："我们不能让英国吃亏，要对付就要对付法国。但如果这样回信的话，拿破仑一定气死。现在趁拿破仑还没发动攻击的时候，俄国先动员兵力。"

俄军把24万大军聚集在西部边境，以备法军侵入，这样看来，俄国的企图是很明显，拿破仑想要彻底打倒俄国，1812年拿破仑终于决心远征俄国。拿破仑集中了令人惊讶的兵力：兵员共有67万，其中20万是法国人，其余是从比利时、荷兰、奥地利、意大利、普鲁士、瑞士、西班牙、波兰及葡萄牙等国征召而来的。

远征前夕，拿破仑很细心地使用各种政治手腕，想要和

普鲁士、奥地利联盟，也准备和正与俄国争执的土耳其结盟，并结交瑞典，可惜失败了。瑞典国王伯拿特虽然和拿破仑有亲戚关系，但他背叛了拿破仑，和俄国合作，此时，土耳其也和俄国签和约，脱离了法国。

"既然这样，那我就让你们知道知道我拿破仑的威力。"拿破仑调兵遣将，立刻组成了庞大的军事力量，这是威慑俄国的一种战术而已。拿破仑想，如果让他们看到这么庞大的兵力，亚历山大一世可能会不战而求和，但是这个战术失败了！亚历山大一点都不紧张，无论拿破仑有多少兵力，他都不害怕。一直被公认是拿破仑最亲信的达利南，在偷偷地积存俄国货币，可见达利南早就看出拿破仑的命运了。

在德累斯顿阅兵的拿破仑亲自担任总指挥官，率领第一军出发了，但法国人对这次远征俄国感到很不满。

"拿破仑又要打仗了。""真糟糕！"农民都表示不满。

"年轻人都调去当兵，田地要由谁来耕？""难道女孩子能耕田吗？我的儿子已经战死了，他是皇帝，可他能把儿子还给我吗？"

普鲁士农民的痛苦更加严重，对普鲁士人来说，拿破仑从普鲁士调兵，和一向无仇无恨的俄国人打仗，他们对此很不愿意。拿破仑计划在大军进入俄国后，就能从俄国人民手中抢夺粮食，所以他们事先并没有准备足够的食物。

拿破仑以为俄国的兵马很多，因为他曾有过在雪地和俄军苦战的经历，所以他想远征至少要花 3 年的时间，也就不必太着急，但是最后他还是下了命令，立刻发动攻击。"向俄国进军！"在他的命令下，60万大军像一条大河般前进。非常的壮观！此刻，欧洲三分之二的兵力都朝着北方的俄国进军。

普鲁士种了很多小麦，本来想把小麦运到俄国境内去磨成面粉作为军粮。但那里没有水车，本来以为能维持一年的粮食供给的计划失败了，但他们仍然继续前进，已经行军到了曾经和亚历山大一世在竹筏上签和约的尼曼河，河流缓慢地流着，午后炎热的太阳照射着沙洲。对岸似乎毫无人迹，只有白云在松林上飘动。俄军在哪里呢？

法军游过对岸，穿着湿漉漉的衣服在松林中搜查，此时突然有人来了，"不准动！"以为是敌人，这斥候兵便立刻拿枪准备。的确，此时他发现了一个高大的俄国兵。

"你们是谁？"

"是法国兵！"

问得太莫名其妙，于是法军就如实回答，俄军又天真地继续问道："你们法国兵来这儿干什么？"莫名其妙的法国兵以为不必再理会，就说："你们这些俄国兵，难道你们一点儿都不知道吗？我们法国兵是来占领维尔纳、波兰和俄国的。"

"哦！"俄国兵吓了一跳，连忙从长有草莓和蒺藜草的草原上跑掉。他们的紧张神情太滑稽，法兵觉得好笑，一时竟忘了开枪，只顾大笑。看来俄军好像什么都没有准备，真奇怪！不知道亚历山大在搞什么鬼？

拿破仑听到兵报告后，高兴地露出微笑。每当开枪后尼曼河的森林里传来的都是回声，然后又静悄悄地如死一般的沉寂。

法军分三纵队渡过尼曼河，当法国大军从华沙经过维尔纳、维捷布斯克而走向俄国，始终没看到敌人的影子，山野中甚至连一只狗的影子都看不见，非常寂静，法国军队好像进了恶魔世界。俄军到底要到哪里去？我们是不是正在向一个黑暗的地狱进军呢？法国士兵渐渐感到不安。

"我们是在干什么？"

"难道这是战争吗？"背着笨重行囊的士兵们都议论。

连拿破仑都不知道在做什么了，这个样子根本不像是作战。

一阵暴雨，行军的士兵被雨水淋湿了。到了傍晚，寒气逼来，士兵们不禁直打寒颤。此时，已有1万多马匹因饥寒而死。再加上道路泥泞不堪，运输车无法前进。军队中流行赤痢，士兵一个个死亡，国外征召而来的士兵也都中途逃离了。拿破仑的部下和将领相处得并不融洽，尤其是拉布和米勒两人常有冲突，有一天差点拔刀决斗。军与军之间的距离太远，军队间的联络很不方便。这些都对法军极为不利。

拿破仑想要赶快停止向无人地带的进军，和俄国签订和约。但双方并没有经过交战，而且自己也并非交战获胜，若要求签订和约，不是太占便宜了吗？所以必须先把敌人中的一个部队打败，然后以此为借口，要求他们签和约。可现在俄军在哪里？此刻要去抓敌人或打败敌人简直是海底捞针，法军的进攻像石头从斜坡上滚落一样难以停止，为了面子拿破仑也不愿停止，只好一直往前走。

7月23日法军占领了维捷布斯克，8月19日又占领了斯捷布斯克，这只是两次小规模的战斗而已。

"亚历山大，我不会到维斯瓦河去的！在我到达斯摩棱斯克和顿河，打过一仗后，就在当地过冬，我要从巴黎请个剧团来演戏。"这是拿破仑本来的想法，但俄国广大而寒冷的平原，把拿破仑的血几乎冻成了冰块。虽然这小小的平原比起他巨大的野心，只不过是一撮泥土而已，但对目前的处境他仍感到几乎要发狂。

俄军把村落、工厂烧毁后便全部撤退，所以法军每到一处连蔬菜与面包都见不到，只能吃肉，许多人都因坏血病而死，甚至一天中死了900人。凡是拿破仑要去的俄国村落一定被焚烧一空，拿破仑到达时，村落都化成灰烬。他的兵马因精疲力竭而哀鸣哭号，倒死路旁。

9月5日，拿破仑终于在通往莫斯科的波罗吉诺高地发现了俄兵，他们正在高地上布阵。此时，拿破仑的远征军认为机会来到，便振奋起精神。在决战前夕，拿破仑却感冒头痛，夜里不能安眠，经常醒来，每当醒来的时候，就问："现在几点？"卫兵回答后，他就说："俄军大概跑不掉了，我做了一个俄军跑掉了的恶梦。"话说完后，他又躺下来睡。

第二天，拿破仑浑身寒冷，发着高烧并全身冒汗。拿破仑睁着双眼，注视前方，想着一定要在这儿打败俄军，这场战争非常激烈，双方发射的炮弹烟尘，使拿破仑分不出敌我。拿破仑四肢酸软，但他仍然支撑着，在炮台上走来走去。患重感冒的拿破仑终因疲劳而连部下的战况报告都没有听进去。

啊！我对战争已经感到厌烦了！

拿破仑看起来确实是这样。遭到拿破仑部下的骑兵队突击，俄国科特瑟夫的左翼被打垮，这时好像是法军胜利了。前线的米勒将军与纳将军都一直要求增加援军，但拿破仑疲惫不堪地坐在椅子上想："我真不知该用什么战法了，我是不是应该派援兵呢？"他无法决定。

"好像人也改变了！"幕僚都感到很黯然。米勒将军很失望，纳将军非常生气。

"皇帝在后方干什么呢？如果不愿再打下去，就赶快回巴黎去，这场战争由我来应付好了，你转告皇帝去！"纳将军生气地吩咐军官。此时拿破仑如果派援兵来，那他们就可以消灭从莫斯克街撤退的俄兵。

拿破仑驳回了前线的要求，他的军事天才不知到哪儿去了。在前线第一次遇到吉尔吉斯及鞑靼等民族的士兵，法军便和他们苦战一场，这些民族士兵虽然很厉害，可是法兵却击败了他们。俄国的败兵都身受重伤，正在撤退，逃遁的目的地莫斯科就在前方，此时，拿破仑没有再追击敌兵的力量，从布科隆纳耶的丘陵上可以看到莫斯科金黄色圆顶的塔。

终于到了！拿破仑突然产生了活力，他回想起从前在埃及沙漠行军时看到开罗的兴奋情形，现在比那时更兴奋，拿破仑皇帝的兵马终于进入莫斯科城。拿破仑等待着立刻与敌人签订和约，但什么消息也没有，等到了莫斯科他才发现，原来这是座空城！

"糟了！上当了！"拿破仑如恶梦初醒般叫出，这是亚历山大的计谋，他恍然大悟了。当天夜里，拿破仑住进克里姆林宫，莫斯科的空屋突然起火了，扑灭后别处又起了火。原来俄军命令像恶魔一样的小偷及囚犯到处放火。东北风强烈，火势越发凶猛，整个莫斯科成为一片火海，连续烧了5天5夜，就像是地狱。

拿破仑从克里姆林宫的窗户茫然地望着翻腾的火海。

"陛下！我们本来打了胜仗，但事实上又被打败了。"米勒睁大眼睛说。

"一切都烧了，连我的胜利都被烧了，哈哈哈……"拿破仑狂笑着，一切都完了。

"陛下！我们撤退吧！再这样待下去，我们也会被烧死的。"

"这个野蛮人亚历山大，他自己竟放火烧城。"

"陛下！快走，这王宫好像装有地雷，一旦爆炸的话……"

"那也好，也许这是我这个败军之将的最好下场。"拿破仑脸上浮现出苦恼、悲痛的神情。

拿破仑的军队虽然进入了莫斯科城，但没地方可以驻扎，更严重是20多万士兵的粮食没有着落。拿破仑写信给亚历山大一世要求和谈，但是信差一去不回。这位年轻的俄国皇帝得到瑞典国王伯拿特元帅的资助，又从拿破仑得力的参谋达利南那里获悉法国的情报。

　　9月、10月都过去了，如同废墟的莫斯科又面临着冬天，但拿破仑无法移动他的军队，他们一路上没有粮食可以回到法国。拿破仑接受达利将军的建议，决心在莫斯科过冬。

　　"我们就在此等候，援军很快会到，到时候我们再攻击彼得堡。"

　　"这样也好。"

　　但拿破仑不久又改变了主意："达利将军！我们还是回巴黎吧，我对法国的政情很不放心。"

　　对此，达利将军也无话可说。普鲁士有史达因正在进行打倒拿破仑的运动；奥地利外交部长莫特尔尼西也正冷酷地注意着拿破仑。此外，普鲁士的将军夏伦赫尔斯特想率军到俄国攻击拿破仑，据说火烧莫斯科的战术就是夏伦赫尔斯特的计谋。

　　"我们不能整整半年都在莫斯科过冬，这样的话，欧洲可能会缔结打倒拿破仑的联盟。"

　　"陛下，我们是不是应该撤军？"

　　"是的，只有这个办法了，顾不得体面了，撤退吧！"

　　拿破仑军队终于在10月19日开始撤退，离开莫斯科，军队人数只剩下六分之一。

严寒刺骨，风雪猛烈，士兵们呼吸困难，牙齿抖动得无法咬食，道路有如墓地般荒凉，没有粮食，士兵只能吃死马充饥。

这时候，哥萨克军队追击而来，离开莫斯科时法兵还有10万，抵达斯摩棱斯克，只剩下5万。这5万士兵也不再像从前那么勇敢有心志了，像是一群受跳蚤或皮肤病困扰的乞丐，有的穿女人的衣服，有的穿着和尚的衣服，根本无法区别谁是军官谁是士兵。

天上飞来一群乌鸦，来到地面吃法兵尸体，发出不吉利的叫声，野狗也从远方跟来吃尸体的腐肉。负责掩护撤退的纳将军在斯摩棱斯克附近击败了7万名哥萨克军队，纳将军这种舍身奋斗的精神，支撑着法军所剩不多的勇气。

战败而归

拿破仑把全军的指挥权交给米勒及纳将军，自己带了2位护卫兵在一望无际的雪地中骑马奔往巴黎。身着毛皮外套，形容憔悴的3个人，从波罗吉诺经过维尔纳、华沙和德累斯顿、梅因斯等地，朝着巴黎，连续跑了12天。拿破仑抵达巴黎时早已精疲力尽，但这时他突然振作起精神，为维护着自己皇帝的威严而进入蒂伊勒里宫殿。

他回来了，巴黎还和往常一样，是一个花都，皇后玛丽·路易丝和刚刚长出乳牙的罗马王走出来迎接他。

"哦！好可爱！"

拿破仑抱起罗马王，亲吻他的脸颊，接着，参加舞会、办理政务以及接见外使，拿破仑恢复了他以前的皇帝生活。这种生活会持续多久？拿破仑早有了心理准备。

普鲁士向法国宣战，奥地利背叛了拿破仑而与普鲁士联盟，北方有俄国、普鲁士、瑞士；南方有正在进行游击战的西班牙、葡萄牙；西方有英国；东方有奥地利。他们都包围了拿破仑，整个欧洲就像一座活火山一样，开始向拿破仑喷火。

拿破仑为了迎战联军，立刻动员 18 万军队，在塞纳河布阵。战争前夕拿破仑想一决死战，于是写好遗书，请哥哥约瑟夫守卫巴黎，让皇后玛丽·路易丝摄政，嘱咐他死后将财产分给他的两个义子。

5 月 2 日，拿破仑在吕岑击败了俄军和普军，然后又在包岑打败联军。在包岑战役中，和他并肩作战 15 年的狄洛克将军遭到敌人的炮击壮烈牺牲了，在联军意料之外的是，拿破仑依然顽强，他像又苏醒了似的，联军对拿破仑的恐惧感日增，便慌慌张张地败走了。

"即使打了胜仗，也无法安慰我的心！"拿破仑放声大哭。

拿破仑的将军们就这样一个个倒下，米勒将军虽然一直在追击俄国的败军，但是后来他为了保护自己的领地拿波里王国，转而违抗拿破仑的命令回到拿波里，警察署长、达利南及伯拿特、米勒等人虽然受到拿破仑的礼遇，可这些人却一个个都背叛了他。他们都不愿意和穷途末路的拿破仑同甘共苦。

他的知己朋友也一个个战死了。反法联军知道拿破仑很厉害，表面上装着与他签订停战条约，背地里却不断增加兵力，以备再度反击。

8月的德累斯顿大会战，拿破仑以14万的军队打败50万的反法联军。此时，假使他还有多余的兵力，他一定会把俄、普大军歼灭的，但当他正准备追击的时候，却病了。他被剧烈的胃痛所困扰，失去了很多战胜的机会，等他的病情稍有好转的时候，一切都已太迟。他手下的将领被打败了。

从10月16日开始，在莱比锡会战了3天。法军和联军势均力敌，难分胜负。

然而，法军中12万撒克逊步兵的一个军团和骑兵队背叛拿破仑而反击法军，局势突然间逆转。

22万发炮弹，现在仅剩下16000发，只能再打2小时，拿破仑只好下令撤军。

拿破仑已经疲惫不堪。

勇猛的追随者

法军退到艾尔斯特河的桥上时，桥梁爆炸，法军一片混乱，将军们知道这下很难再回巴黎，便与拿破仑商量对策。

"陛下！我们干脆把莱比锡的郊外都放火烧了吧！这样可以暂时阻挡追击的联军，我们自己就能从容撤退。"

"陛下！我们就这么做吧！"周围的士官都这样说。

拿破仑摇头："我不能学莫斯科，烧掉房子来获取胜利。"

穿着破烂、步履艰难，如同乞丐一样的法军开始朝着莱茵河撤退，这情景真是惨不忍睹！现在士兵的唯一愿望就是能死在自己的国土上。

拿破仑的幕僚们看到拿破仑疲惫不堪的样子，每天都是行军、战争和死伤，大家感到极端地厌恶。

"没有拿破仑，就不会有战争。""拿破仑应该退位！"

大家都背后窃窃私议，拿破仑自己也听到了。

参谋达利南在巴黎开始行动，促使拿破仑退位。还有警察署长也想暗杀拿破仑。拿破仑还有没有真正的支持者呢？有！不是将军，也不是政客，是生还的近卫老兵和年轻的少年兵。

曾经勇猛无敌的精兵，如今就躺在埃及的沙丘上，新训练出来的强兵，也早已被埋在了俄国的雪原中。现在拿破仑的军队全是一些不知如何操枪、快乐如孩童的少年兵，这些少年兵很勇敢，在枪林弹雨的战场上，他们一点儿都不惧怕，看到这种情形，拿破仑感到很吃惊。

"喂！士兵们，为什么不开枪呢？"拿破仑这样问时，少年兵便笑着回答："陛下！现在我们还不会用枪，如果有人教我们怎样上子弹，那我们就不惧怕任何敌人了。"这些农民出身的少年兵还真天真。

拿破仑心中很感动，但少年兵一个个还是倒下了，一些年老的近卫兵也中弹而倒在了狂风吹袭的草原上。

"我们举白旗投降吧！"元帅们正在秘密商量。

"各位！这是最后一战！"拿破仑出现了。

"我来指挥最前方的勇敢的少年兵。"战斗号角再度响起来。

联军有 30 万，法国少年兵只有 3 万，这是一比十的战争，但在拿破仑的指挥下，少年兵展开激烈的战斗，击败了联军并突击他们的中央部队，联军没有料到法军还是这么锐不可当，陷入了一片混乱，并且撤退。

"真没想到！""拿破仑还这么可怕！"

拿破仑追击过来，心想只要再胜一次战斗，形势就会好转，但是敌将布里贺尔把河上的铁桥炸断后反扑巴黎。拿破仑从巴黎街道的孟斯一直逼迫布里贺尔的军队，心想不久就能把敌人消灭。

"陛下！摩罗将军向敌人投降了！"拿破仑仰天吞泪，很不甘心。接着又传来乌吉诺元帅败退的消息，一切都完了。

敌人在不断增加，少年兵不断锐减，少年兵、禁卫队一个个都倒下了。3 月 25 日，最后所依靠的马尔蒙元帅和莫尔基元帅的军团也被打败了。拿破仑不得不带着败兵往巴黎撤退。

拿破仑像以前一样单枪匹马地比军队早先回到巴黎，皇后玛丽·路易丝和罗马王已经离开巴黎逃亡了，此时，巴黎也发生了战斗。

哥哥约瑟夫也逃离巴黎，只有他可怕的政敌达利南还在巴黎。

"也许他想要我在这城内签订降书。"拿破仑这样想。

"糟了！也许太迟了！"已经是晚上了，天上闪烁着星星，远方的野火正在燃烧，"进城后我要敲钟集合市民准备作市街肉搏战，必要的时候就放火烧城。"受伤的拿破仑做了悲壮的决定后抵达塞纳河左岸，河岸四周燃烧着熊熊烈火，无边的夜空响起了普鲁士军唱军歌的声音。

拿破仑低头听着震动夜空的军歌，不久他命令马车夫转回头——一切都完了！

被逼退位，流放厄尔巴岛

俄国皇帝、普鲁士皇帝及其他同盟军的元首都来到巴黎。拿破仑在枫丹白露宫殿派外交部长向俄国皇帝亚历山大一世求和。

亚历山大一世一脸轻蔑，说："这是多么光彩的日子。必须要有条件，我们才能接受。"

这条件就是要拿破仑放弃法国、意大利及其他所有国家的皇帝地位，从此流放到厄尔巴岛。

"不讲理的俄国皇帝，我要再发动战争。"拿破仑对亚历山大皇帝的蛮横无理非常愤怒，他对部下元帅们说："我们拼吧！"

"陛下，我军已不想再打了，以现在军队的状况，我们无法取胜。"纳将军首先提出反对。

"陛下，这里就是我们法国的领土了，在这里发动战争，只会使国民遭殃，所以我们不能再打了。"

麦克唐纳将军也附和纳将军，乌吉诺元帅、毕格特元帅及鲁费布元帅都主张议和。现在的拿破仑已孤立无助了，当元帅们都退下之后，他决心退位。他想自己退位，让罗马王继承王位，但遭到了拒绝。

从埃及战争以来同甘共苦的马尔蒙元帅也率领了15000大军向联军投降，马尔蒙军团本来是保护拿破仑和联军作战

拿破仑派外交部长向俄国皇帝亚历山大一世求和的枫丹白露宫

的，这个军团投降了，就等于把手无寸铁的拿破仑交给了敌人。数万士兵纷纷溃败，只有卫兵还维持战斗队形，竖立军旗并拿着火炬，坚守在拿破仑身边。

1814年4月6日，拿破仑终于被迫签名退位。

4月20日，拿破仑被放逐到厄尔巴岛，他穿着灰色的披风，戴着三角帽，在士兵的军礼告别之下，离开了令他无限留恋的巴黎宫殿。拿破仑被允许带400名护卫兵到厄尔巴岛，这些护卫兵是从拿破仑25000名卫兵中挑选出来的，是20年来一直跟他在战场并肩作战的老兵。

"再见了！军旗！"拿破仑在排列整齐的卫兵队伍前，亲吻光辉的军旗。

"皇帝！万岁！"像海涛般的悲痛叫声震动了宫殿。

拿破仑在万岁的呼声中露出了孤寂的微笑，坐着摇晃的马车离开了巴黎。当马车经过里昂时，沿途出现了憎恨拿破仑的人，他们高喊："拿破仑滚下台了！""打死科西嘉鬼！"战争夺去了他们的父亲、哥哥、丈夫和儿子，他们用极度仇恨的眼光注视着拿破仑乘坐的马车。有的朝马车扔石头，有的拿起棍子、镰刀袭击马车。

"你们恨我是应该的，请你们原谅我！"拿破仑热泪盈眶地忍受着。

看到百姓丢石头的举动，拿破仑的400名护卫兵也都伤心不已。

4月27日，拿破仑抵达了夫勒港，离地中海的厄尔巴岛不远了，厄尔巴岛正静静地等候着拿破仑。

厄尔巴岛当时有 10000 人口、面积 200 多平方公里。拿破仑到了岛上，在一块绿油油的丘陵上建了两间房屋做为他的小宫殿，来到岛上，他立刻着手建设他的"小王国"，修马路、建医院、设学校、开剧场、修筑兵营等，并在丘陵上开垦葡萄园。

这个地中海的小岛，自从来了拿破仑后就欣欣向荣起来。橘子、柠檬、无花果和合欢木等都像是科西嘉的南国植物，拿破仑很欣赏。

"这个岛现在已经是个美丽的岛了。"但他心里燃烧着的热血还没有冷却，他并不想永远留在这个幸福的小岛上。他和近卫兵在这儿过得很悠闲，母亲莱蒂齐娅从遥远的罗马来到小岛。

"拿破仑！我很喜欢这个岛，这里没有暗杀也没有阴谋，

拿破仑第一次被流放时的厄尔巴岛

能过着像天堂一样的生活，我很高兴。"母亲因为能和儿子住在这里，感到非常高兴。他美丽的妹妹波利娜也来了，任性爱漂亮的波利娜，没有像姐姐埃利兹和妹妹卡罗利娜那样背叛拿破仑，她想陪着哥哥过朴素的生活。

"哥哥！你大概很寂寞吧！我来了，就能每天陪着你说话，安慰你！"快活的波利娜和小时候一样可爱，这使潦倒的拿破仑感慨万千。

最后的激战

返回法国

在岛上平静地生活了近一年。

"玛丽·路易丝的近况如何？罗马王现在怎样了？我很想去看看他们。"拿破仑经常站在厄尔巴岛的丘陵上遥望法国。

在巴黎，路易十六的弟弟路易十八登上了皇位，着手复兴波旁王朝，另一方面达利南知道拿破仑在厄尔巴岛过着平静的日子而感到不安。

"这样的危险人物住在厄尔巴岛，太不保险了，我们应该想法除掉他。"

"把他放逐到大西洋去吧。"

"对了，把他放逐到圣赫勒拿岛去最好，那里气候恶劣，到了那里，他绝对活不了一年。"达利南及警察署长私下策划着。

这个阴谋后来刊登在英国报纸上，被拿破仑看到了。

"拿破仑可能会被放逐到圣赫勒拿岛去。"同一份英国报纸上报道了奥、英、法正因俄、普问题发生争执。这个消息吸引了拿破仑，他拿着报纸，手开始发抖了，"我绝不去圣赫勒拿岛，此刻他们都在闹纠纷，将是一个很好的机会。"

看报纸的时候，拿破仑觉得让他怀念的法国，正等着他回去呢。

"好！我要回去！"1815年2月26日，两艘漆得像英国船的帆船，载着武器和士兵，离开了厄尔巴岛。

"妈妈！我要回法国去。妈妈！您就住在这里吧！"想到前途坎坷，拿破仑也不禁唏嘘起来，年老的母亲还是很勇敢。

"去吧！我知道你一旦下了决心，就无法阻止，我祝福你成功！"

"妈妈！"拿破仑抱着母亲，亲吻着母亲的斑斑白发。

"我这次也许会失败，但法国正需要我，我会尽力而为。"波利娜也过来了，她把随身佩戴的钻石，拿下来送给拿破仑。

"哥哥！你把它卖了当军费吧！"

"谢谢！波利娜。"

兄妹俩伤心了一阵，想起近一年来的快乐生活就这样结束了，怎么能不伤感呢？

400名卫兵、400名科西嘉的猎人、100名波兰枪骑兵，这些就是拿破仑所有的兵力。

3月1日，拿破仑在圣吉安登陆，拿破仑像夕阳般下沉的命运在圣吉安又燃烧起来了。

"拿破仑逃出了厄尔巴岛！"

"拿破仑登陆法国!"

这消息一传到巴黎,整个欧洲都震撼了。

一心报仇的拿破仑军队悄悄往东普洛曼斯前进,当拿破仑军队经过此地时,住民便夹道欢迎。

"真的是拿破仑吗?"

"当然是真的!看那相貌和五法郎硬币上的拿破仑肖像,就可以知道。"

"那么你把硬币拿出来比比看。"

后来,拿破仑军队不再私下行军,他们以震动天地的声势向巴黎进发。

路易十八慌了,赶忙派军应战。在拉布利峡谷遭遇拿破仑的军队,拿破仑军队的前锋都拿着枪前冲,路易十八的军队也拿着枪瞄准拿破仑军队。

这时,拿破仑从马上跳下来,毫不惧怕地独自走向敌人的枪前。

"哦!他就是拿破仑,赶快瞄准发射。"敌军队长发出射击命令,但没一个人开枪。士兵们看到拿破仑,但不开枪,因为士兵们都很清楚,他是自己人。

"他是我们自己人。"每个士兵都这么想。拿破仑所到之处,没有人敢与他为敌。讨伐军反而向拿破仑欢呼!

"拿破仑万岁!"他们与拿破仑会合了。到了夜晚。拿着斧头、猎枪的农民也加入他们的行列。

曾经背叛拿破仑的老部下纳将军也准备再度讨伐拿破

仑，但半路上他就改变了主意，向拿破仑投降了。

拿破仑很高兴地欢迎纳将军，"我们并肩作战吧！"

"陛下！"无限感慨的纳将军无话可说。

拿破仑军队就像旋涡一般，顷刻之间从小变大。路易十八逃离了蒂伊勒里宫殿，英国、奥地利和俄国、普鲁士的联军又再度编队，准备讨伐拿破仑，联军人数多达百万。

重登国王宝座

拿破仑进入巴黎，在马尔斯练兵场再度登上法国国王的宝座。

为迎战百万敌军，法国紧急组织军队，3个月内集合了法国的少年，组织成一个有13万兵力的少年兵队伍，他们斗志高昂。想要打败百万敌军，必须在威灵顿所率领的英军和布里贺尔所率领的普鲁士军还没有会合之前，先消灭其中一方。

"这些少年兵也许能做到。"拿破仑击破了普鲁士军前锋，然后从比利时边境向北方进击。

拿破仑在英军和普鲁士军预定会合的分叉道上布阵，准备消灭先到的军队。纳将军进攻驻扎在卡布拉的布里贺尔军，想要把普鲁士军歼灭殆尽。但是，当纳将军到达卡布拉时，迎面而来的不是普鲁士军而是威灵顿所率领的英军，而拿破仑却遭遇普鲁士军。这完全出乎预料，但是拿破仑并不在意。

拿破仑从 1815 年 6 月 16 日清晨开始攻击普鲁士军，中央部队很快被突破，普鲁士军开始撤退，这一战成为了世纪决战。在激烈的炮击掩护下，两军打起来了，普鲁士军的老将布里贺尔以 70 岁的高龄领导前锋攻击，但不久就从马上倒下。而法国的枪骑兵认为布里贺尔已身受重伤，所以从他身边经过，却没有把他俘虏。

英国勇将威灵顿，听到普鲁士军战败的消息后说："布里贺尔将军吃了拿破仑的亏了，我得要小心一点！"他不敢大意前进。

拿破仑命令哥尔希元帅："我要去打英国军，你去追击普鲁士军。"纳将军的行军速度好像是蜗牛，哥尔希元帅感到很紧张，因为普鲁士军的气势还很强，因为找不到适当的人选，拿破仑只好命令平庸的哥尔希元帅进击普鲁士军。

在拿破仑军攻击之下，威灵顿将军也逐渐撤退了。听到英军撤退的消息，拿破仑立刻飞跃上马。

"冲呀！"他率领着前锋骑兵队直追威灵顿军队，威灵顿将军从望远镜中看到追击而至的拿破仑军，不禁吓了一跳。

"拿破仑来了，赶快跑！"这位将军带着苦笑抢先跑掉。

正在这时，电闪雷鸣，下了一场暴雨，使正在败退的英国军的步兵和炮兵一片混乱，到处冲撞。

"赶快跑！否则会被追到！"威灵顿像猎人一样在士兵间乱闯，把英军带领到了滑铁卢。雨天路滑，道路上的积水淹到了马的膝盖，拿破仑只好放弃追击。滑铁卢的丘陵成为英军的要塞。整天都是暴雨，拿破仑全身都淋湿了，他一直在等待机会攻击英军阵地。

雨势太大，大炮陷入泥土中无法移动，士兵们全身湿淋淋地在发抖，时间一刻刻地过去了，不能再这样等下去，拿破仑再度进行攻击。

"英兵非常顽强，我想从正在追击普鲁士军的哥尔希元帅的部队里抽调一部分士兵来此助战。"斯尔特元帅要求拿破仑。

"没必要，你太长威灵顿的气势了！"拿破仑断然拒绝。

"不，陛下，英军实在太强悍了，如果从正面攻击，一定是我方吃亏。"立尔将军也赞成斯尔特元帅的建议。

拿破仑低估了英军的实力，他全然不听将军们的意见，在雨过初晴的上午11点半，又开始了猛烈的攻击。拿破仑把80门大炮一起发射，声音震动天地。

此时，拿破仑看到西北方升起一阵黑烟，"那是什么？"拿破仑让他的幕僚们注意看。

"陛下，那不是烟，是森林。""不，陛下，那可能是云。"幕僚们都以为那是无关紧要的事，但斯尔特元帅说："不！那是烟，是军队前进时扬起的尘烟，一定是普鲁士军为了和英军会合正在撤退。"

斯尔特元帅所料正确，那正是普鲁士大军。哥尔希元帅没有阻拦普鲁士军。为了快点消灭英国军，拿破仑带着步兵队伍往蒙山珍丘陵进击。

第一次失败了！英军比预料中的要强。

第二次失败是因为英国军的反攻，法军败退了。

纳将军想要洗刷前日失败的耻辱，带着卫兵往前直冲，使英军阵势一团混乱。爬上丘陵的法兵和英兵激战起来，一直推展到炮兵的阵地。

"已经不行了！"威灵顿将军苦笑着看着部下混战。这时，普鲁士大军从法军的侧面攻击过来。

第一战，法国的卫兵排成人墙苦撑下去，英军和法军的情况都很危急，不知哪一方会先倒下。太阳已开始西沉，战场上陈尸累累，英、普军联合攻打法军，双方进行着肉搏战。

布里贺尔将军忍着全身的疼痛，鼓励普鲁士军说："即使把我绑在马上，我也要指挥下去！"他这样鼓励普鲁士军发动反击。无能的哥尔希元帅由于不明白布里贺尔的动态才会被他们所包围。不久，一部分的法军崩溃了。

在法军的右翼及左翼，英国、比利时、荷兰及普鲁士大军在锣鼓号角的助阵下潮水般涌来。拿破仑已经察觉到自己的不幸。"我要死在此地了！"他骑在马上，一眼望去就知道他是总指挥官，他从容地前进，好像神明在保护他一样，他并没有被子弹打中。

纳将军站在路旁，他身边没有马，头上没戴帽子，一张脸被烟熏得黑黑的，一身破烂军服，连肩章都被砍断了，他手里拿着弯曲的军刀，猛牛一样站在那里。"太丢脸了！你们这些打败仗还想逃走的人，看看我们法国元帅死得多么威武！"

兵败，离开法国

6月21日晚上，滑铁卢战后第三天，拿破仑抵达巴黎，因为太疲劳，脸色显得有些苍白，大臣们知道拿破仑战败归来，接待他时态度很反感，政府和议会也不再听从于拿破仑。

"联军再度逼近巴黎，法国情势危险，若想对抗的话，就要赶快！各位，有什么意见吗？"拿破仑充满痛苦的演说得不到任何人的支持。掌握政府权力的警察署长心里想：这一切的责任都该让拿破仑负担，他擅自兴兵作战，应该引咎辞职。议员们心里也都这么想，拿破仑也看到，尽管他的弟弟路易正尽力帮助他，但议会仍无法控制。

议会外面，群众发出了欢呼声，"皇帝万岁！""给我们武器，我们需要武器！""为了陛下，我们要讨伐敌人！"群众发狂的直喊。

"陛下！您有没有听到呀？"这时，康斯坦走到正黯然踱出门外的拿破仑身边。著名的文学家康斯坦指着群众向拿破仑说："陛下！群众如此激动，但他们的动机和当初法国革命时拥向国王宫殿的群众，是完全不同的。"

"是的，不一样。"拿破仑说。

"如果能说服得了这些群众，陛下马上就可以重登王位，但我相信陛下是不会这么做的！"对于康斯坦的话，拿破仑正仔细地考虑。

"这些群众比革命时的群众更可怕，如果他们再骚动起来，法国政治将会改观，但唆使他们的皇帝也会受害！"

"康斯坦！谢谢你的忠言，我知道后果如何。"拿破仑以悲痛的心情对康斯坦所说的话表示同意。"再见了！巴黎！我再也不回来了！"拿破仑不希望巴黎更混乱。

拿破仑当天就到了距离巴黎步行大约 3 小时路程的马尔梅松城。议会议员正与威灵顿将军、路易十八联络。拿破仑也知道议会议员为了得到自己的脑袋，正和奥地利、普鲁士作交易。普鲁士要求枪毙拿破仑，但如果议会议员答应的话，尊敬拿破仑的法国民众会反感他，甚至要求杀死他。议会的议员们当然知道这一点，所以不敢答应，法国军队的情势越来越险恶，似乎有意要拿破仑担任司令官，再度发动战争。

"对了！先把拿破仑赶出法国！"议会这样秘密决定着，为了把拿破仑送到国外，他准备了两艘战舰——萨尔号和美士萨号。

拿破仑放弃了再度作战的计划，准备默默听从命运的安排。"皇帝,您不要丢弃我们！"从马尔梅松宫到战舰的路上，群众围着拿破仑的马军大声喊叫。

面对群众的欢呼，拿破仑的内心曾一度动摇过，但是如果再继续打仗，那逃出厄尔巴岛的奇迹便可能重现，但他现在什么都不想了。康斯坦的忠言一直令他刻骨铭心，拿破仑原想乘战舰逃到美国，这时有许多群众乘小船随后跟来。

"再见！陛下！"

"皇帝万岁！"

送别声断断续续地传入拿破仑耳中，送别声中夹杂着海浪声，听起来特别悲壮。

最后的孤岛岁月

流泪的不只是乘着小船追来的群众，两艘战舰上的水兵也都知道拿破仑将被带到英国，他们发狂似的大叫："让皇帝到美国去！""这样会被英国军舰逮捕的！"

水兵们都是十八九岁的年轻人，和陆军少年兵年纪相当，他们都下定决心随时为拿破仑牺牲生命。

"这些少年水兵都愿为我而死，我身边到处是愿为我牺牲生命的人。"拿破仑看着水兵流下热泪。"我应该去英国，我不想再让任何生命牺牲。英国是个绅士之国，难道会向我讨血债吗？"拿破仑这样想着，改变了行船的方向，登上了英国贝勒罗芬号。他竟如此从容地前往敌国，让英国政府大感惊讶。

"把他处死！""他这是自己往死穴里跳！"此时，英国上下都在议论纷纷，英国内阁最后判决拿破仑终身流放圣赫勒拿岛。

　　听到这个消息的拿破仑，默默无语，他本以为英国政府会容许他在偏僻的乡下居住。"我不去圣赫勒拿岛，否则我会血染贝勒罗芬号！"他非常愤怒，但他压抑住了，把自己关在船舱内不再出来。

　　"我不是俘虏！我是自己决定来英国的，怎么像对待俘虏一样对待我，真是太不讲理了！"船舱关闭后，拿破仑的愤怒无法发泄。几天后，载着拿破仑的英国军舰就驶向绝海孤岛圣赫勒拿岛。

　　圣赫勒拿岛是个地狱般的孤岛，岛上有很多高高细细的橡胶树、仙人掌及毒草，而且雾与云如幻影般交错地包围着小岛。

　　经过了 70 天的航程，在 1815 年 10 月 16 日，拿破仑抵达了此岛。该岛位于距离南非好望角大约 2000 公里的大西洋上，拿破仑住的地方有英国卫兵日夜监视，当时的拿破仑46 岁。

　　圣赫勒拿岛成了世界的焦点。有的英国兵以为拿破仑还会逃出此岛，重登皇位；也有的法国兵认真地计划如何把拿破仑救出来。这使得岛上主官哈德逊·洛战战兢兢。

　　"为了救拿破仑，法国兵已经从某某港出发了。"听了这个消息，他更吓得浑身发抖。

　　小人物哈德逊·洛的任务是负责监视难缠的大人物拿破仑，哈德逊·洛和拿破仑经常发生冲突，后来拿破仑说："我不愿再见到那个像小虫一样的哈德逊·洛。"就这样，他们一直僵持到拿破仑去世为止。

此时，约瑟芬已经去世，皇后玛丽·路易丝回到了奥地利。伤心欲绝的拿破仑常想起他可爱的儿子罗马王。奥地利挟持罗马王当人质，"如果罗马王还活着，应该有 10 岁了，不知道他怎么样了？"他坐在长椅上，一想就是好几个小时，此外，他也在回想过去光荣的日子，这是他永远无法忘却的。

如今拿破仑的敌人是热带地区特有的、会把人烤焦的太阳，还有本身闷得发慌的无聊生活。这也是缩短他生命的原因。来到岛上一年后，他便生病了，到第三年，他就卧病不起。

"啊！母亲！"每当他病痛时，都会叫喊他的母亲。

躺在病床上的拿破仑经常请一直跟从他的老兵念《汉尼

荣军院的拿破仑墓

拔传》和《伊利亚特》等名作给他听。但在他将要停止呼吸时，他脑海中却充满战争的幻想，他呢喃着："斯答因格尔！得西！马希纳！胜败已决定了，我们胜利了！""法国……军队。"

　　岛上生活进入第六年的时候，也就是1821年5月5日，这位落日般的英雄在这绝海的孤岛上殒灭了，结束了他52年充满波澜的英雄生涯。